우리학교 어린이 교양
찌릿찌릿 생각을 키우는 뇌 과학

초판 1쇄 펴낸날 2024년 5월 24일

글	이자벨 미뇨스 마르틴스, 마리아 마누엘 페드로자
그림	마달레나 마토주
옮김	김용재
감수	윤정은
펴낸이	홍지연

편집	고영완 전희선 조어진 이수진 김신애
디자인	이정화 박태연 박해연 정든해
마케팅	강점원 최은 신종연 김가영 김동휘
경영지원	정상희 여주현

펴낸곳	㈜우리학교
출판등록	제313-2009-26호(2009년 1월 5일)
제조국	대한민국
주소	04029 서울시 마포구 동교로12안길 8
전화	02-6012-6094
팩스	02-6012-6092
홈페이지	www.woorischool.co.kr
이메일	woorischool@naver.com

ISBN 979-11-6755-260-0 73470

- 책값은 뒤표지에 적혀 있습니다.
- 잘못된 책은 구입한 곳에서 바꾸어 드립니다.
- KC 마크는 이 제품이 공통안전기준에 적합하였음을 의미합니다.

만든 사람들

편집	전희선
디자인	정든해

First published in Portuguese as Cá dentro - Guia para descobrir o cérebro
Text © Minhós Martins Isabel & Maria Manuel Pedrosa, 2017.
Illustrations © Madalena Matoso, 2017.
All rights reserved.
The Korean language edition is published under license from Editora Planeta Tangerina, Portugal
by arrangement with KOJA Agency, Stockholm through MOMO Agency, Seoul.
Korean translation Copyright © 2024 Woorischool Publishing Co., Ltd.

이 책의 한국어판 저작권은 모모 에이전시를 통해 KOJA Agency, Stockholm과 독점 계약한 (주)우리학교에 있습니다.
저작권법에 의해 한국 내에서 보호를 받는 저작물이므로 무단 전재와 무단 복제를 금합니다.

찌릿! 꿈틀! 뇌 탐험에 초대합니다 --- 6

뇌 탐험을 위한 준비 운동 --- 9

이 뇌 안에는 무엇이 있을까요? --- 19

성장 --- 37

감각 --- 57

학습 --- 85

기억 --- 105

의식 --- 125

몸과 행동 --- 147

작가의 말 --- 168

참고 자료 --- 172

찌릿! 꿈틀! 뇌 탐험에 초대합니다

이 책은 '짝'이 있어요. 바로 『어린 산책자를 위한 자연·동물 도감(원서명: *Lá Fora*)』인데요, 세상의 '바깥쪽'을 다룬 책이에요. 포르투갈의 플라네타 탄제리나(Planeta Tangerina) 출판사가 만들고, 우리학교 출판사가 우리말로 펴냈어요. 바깥쪽과 짝을 이루는 책이니까 이 책은 '안쪽'에 관한 책이겠지요? 무엇에 관한 책일까요? 사람의 몸에 관한 것? 지구 핵의 비밀에 관한 것? 실내 활동에 관한 것? 모든 게 가능하지만, 그중 가장 멋진 걸 선택했지요. 바로 '뇌'에 관한 이야기예요! 생각하고, 기억하고, 감정을 느끼고, 배우고, 비교하고, 결정하는, 이 모든 일이 일어나는 뇌. 머리부터 발끝까지 몸과 마음을 찌릿찌릿 꿈틀꿈틀하게 만드는 뇌. 우리 머릿속 뇌를 쉽고 재미있게 만날 수 있도록 흥미진진한 이야기를 책 속에 가득 담았답니다.

이 책을 펼친 여러분은 크고 넓은 세계를 눈앞에 둔

탐험가와 같아요. 호기심과 열정은 가득하지만, 그 세계에서 어떤 일이 일어나고 있는지 잘 모르니까요. 뇌라는 무궁무진한 세계를 탐험하다 보면 우리가 상상했던 것보다 훨씬 더 다채로운 모습에 깜짝 놀라게 될 거예요. 뇌를 만나러 가는 여행은 미지의 세계로 떠나는 탐험이지요. 낯선 세계로 한 걸음씩 걸어 들어가는 것처럼 책장을 한 쪽씩 넘길 때마다 새로운 길을 찾아낼 수 있어요. 그렇게 찾아낸 길들로 나만의 뇌 탐험 지도를 만들어 보아요.

아무도 알아주지 않아도 묵묵히, 열심히 뇌에 관해 연구한 수많은 과학자 덕분에 이 책이 세상에 나올 수 있었지요. 이 자리를 빌려 그분들께 감사의 말을 전하고 싶어요. 자, 그럼 이제부터 찌릿찌릿 꿈틀꿈틀 뇌 탐험을 시작해 볼까요?

이 안에 뇌가 있어요.
모두들 머릿속에 있다고 하니까
우리는 그저 있다고 믿을 수밖에 없어요.

뇌 탐험을 위한 준비 운동

뇌는 다른 사람의 삶을 이해할 수 있게 해 줘요.
뇌 덕분에 지금 내 옆에 있는 친구의 삶도,
멀리 떨어져 있는 사람의 삶도,
먼 옛날 지구 반대편에서 살았던
누군가의 삶도 이해할 수 있어요.

**아침부터 밤까지 뇌는 하루 종일
무슨 일이 일어날지 예측해요.**

뇌는 끊임없이 몸과 이야기를 나눠요.
몸도 끊임없이 뇌와 이야기를 나눠요.

내가 겪어 온 일들은 나만의 경험이에요.
뇌는 내 경험을 기억하기 때문에
나의 뇌와 똑같은 뇌는 세상에 없어요.
그러니까 우리는 세상에서 단 하나뿐인 존재예요.

**인간은 세상의 아주 작은 일부만 느낄 수 있어요.
그러나 저 밖엔 우리가 파악할 수 없는
보이지 않는 세계가 있어요.**

감정은 우리 뇌가 인식하는 소중한 정보예요.
인식한다는 건 느낀다는 거예요.
(하지만 '인식'한다는 게 쉬운 건 아니에요.
마음의 신호를 잘 알아차려야 하니까요.)

**무언가를 배우면 뇌는 변해요.
그런 배움의 기억이 쌓여 내가 만들어져요.**

우리 뇌에서는 매 순간 싸움이 벌어져요.
지금 냉장고를 뒤질까, 아니면 과학책을 볼까?

**점토를 빚듯이 우리의 의지대로 뇌를 만들 수 있어요.
삶의 모든 경험, 모든 친구, 모든 노래, 모든 책, 모든 도전이
뇌를 형성하는 데 도움이 됩니다.**

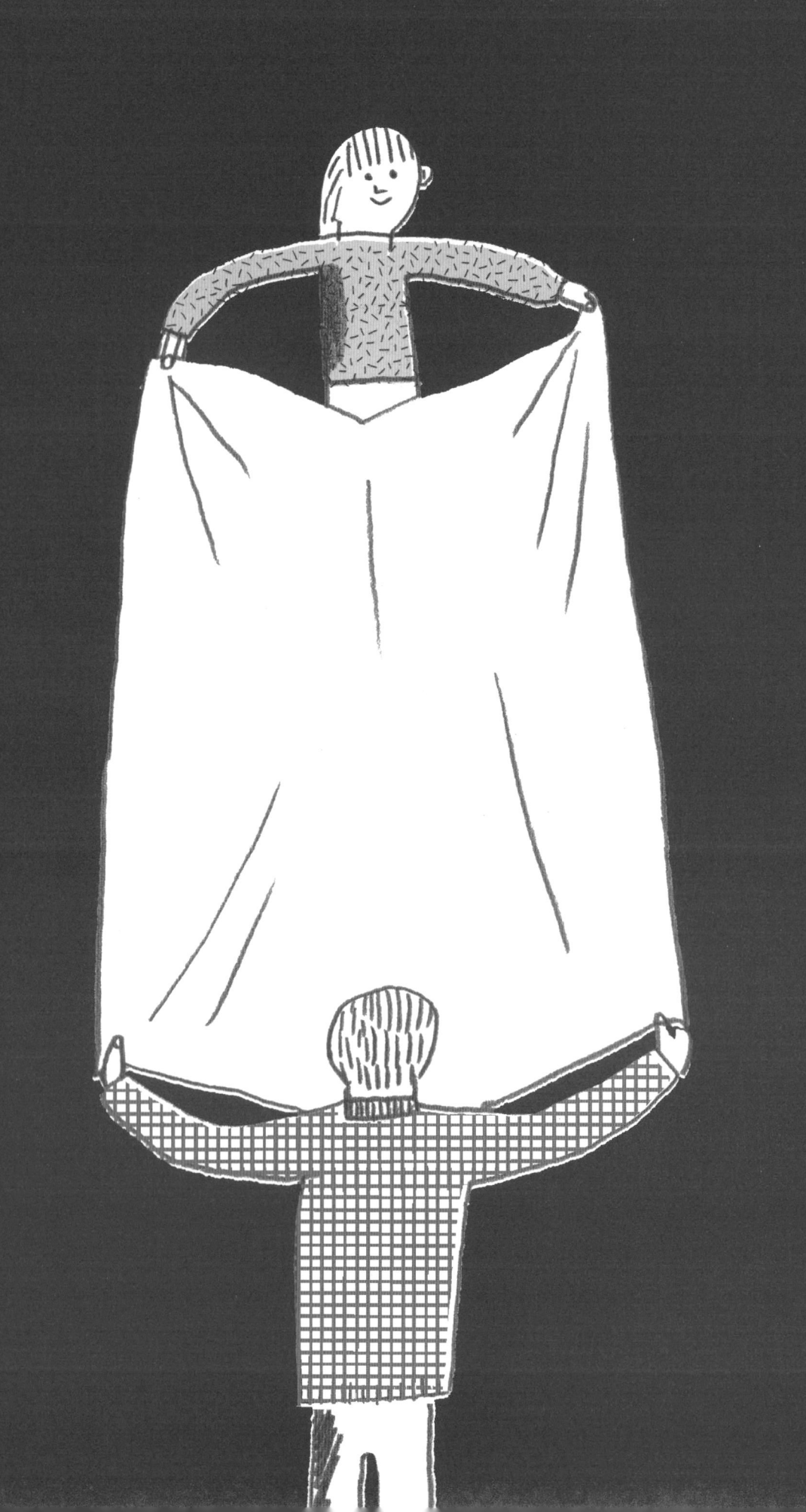

이 뇌 안에는 무엇이 있을까요?

뇌: 시간과 에너지를
효율적으로 쓰며,
함께 일하는 전문가

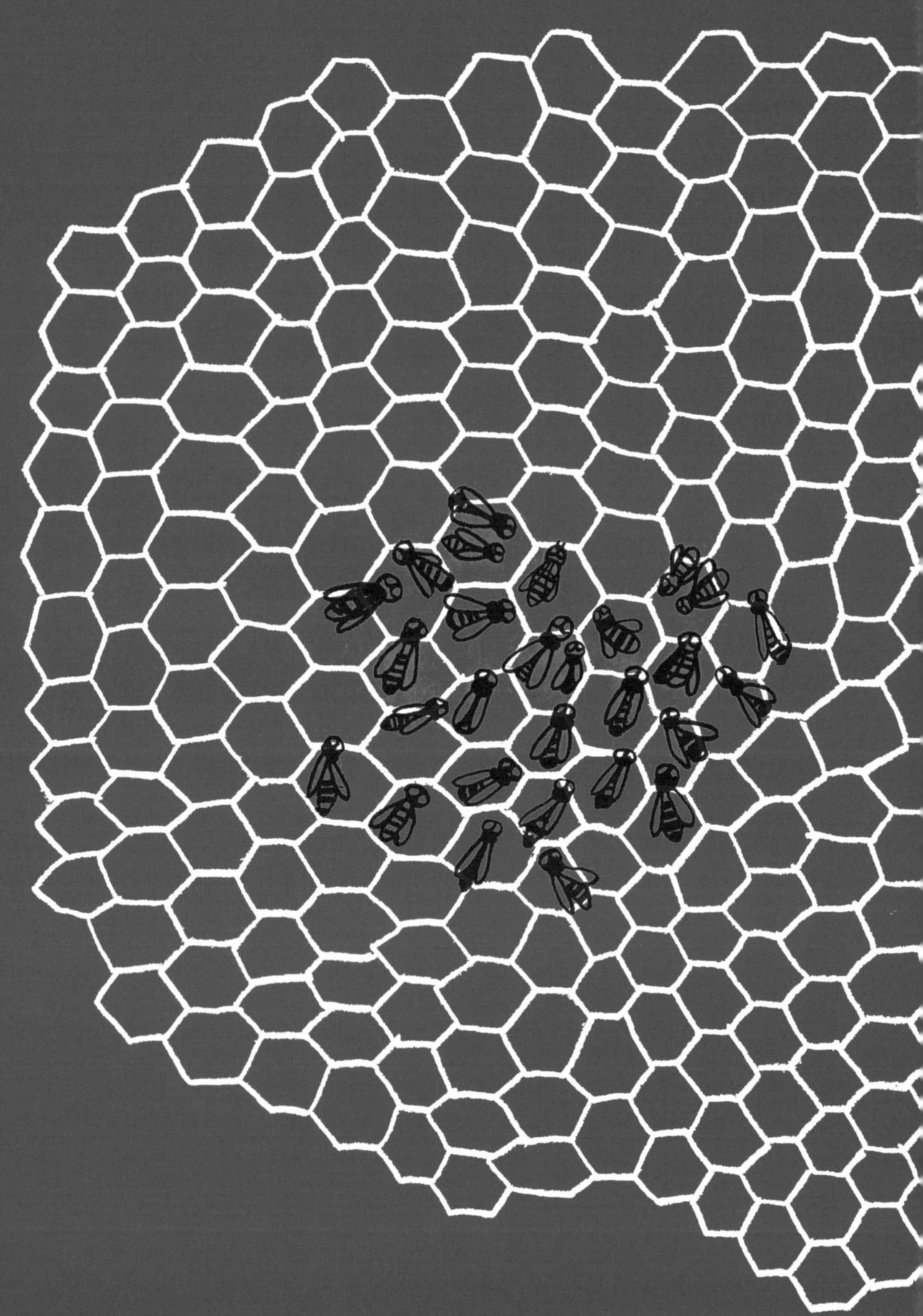

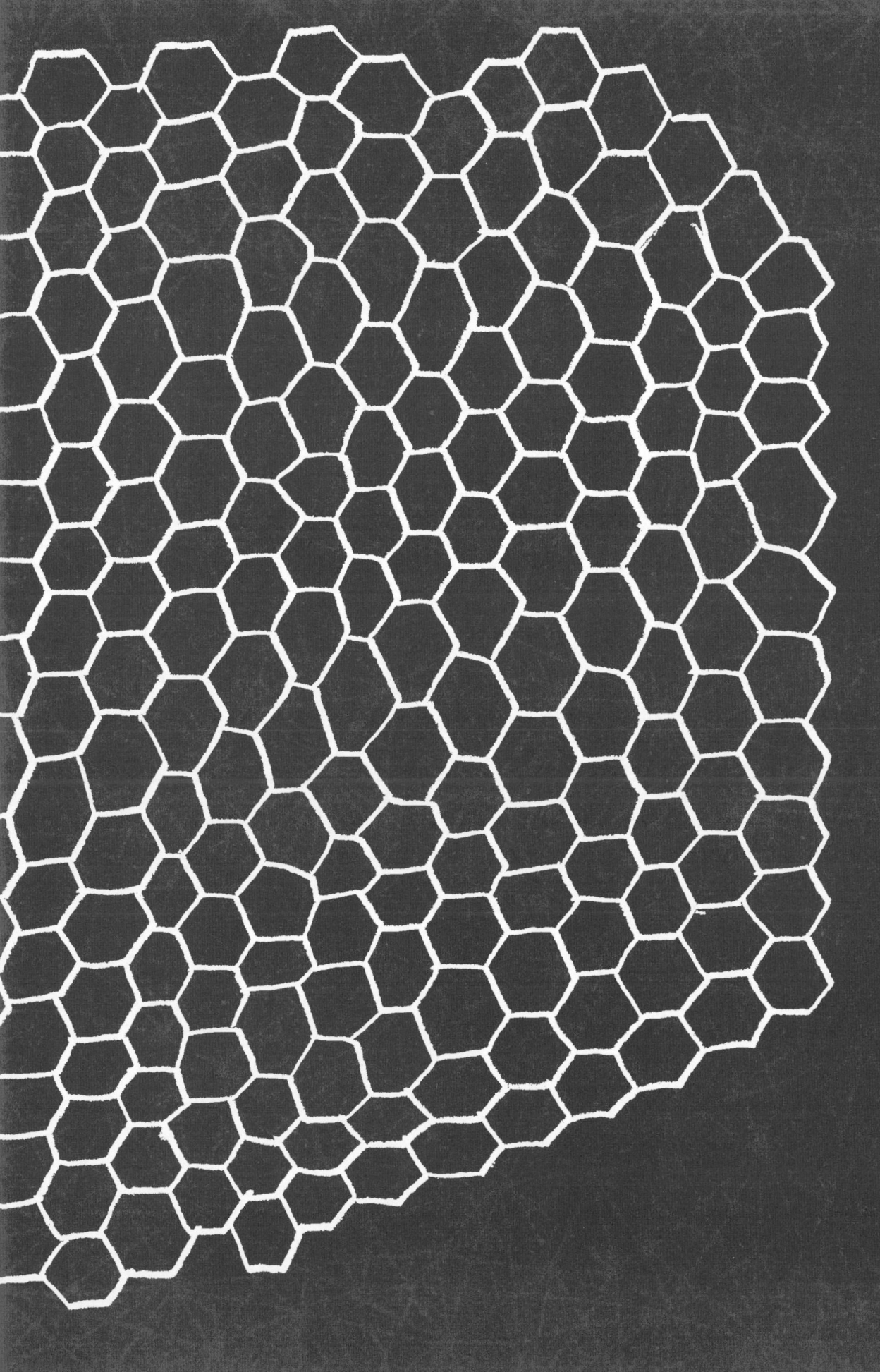

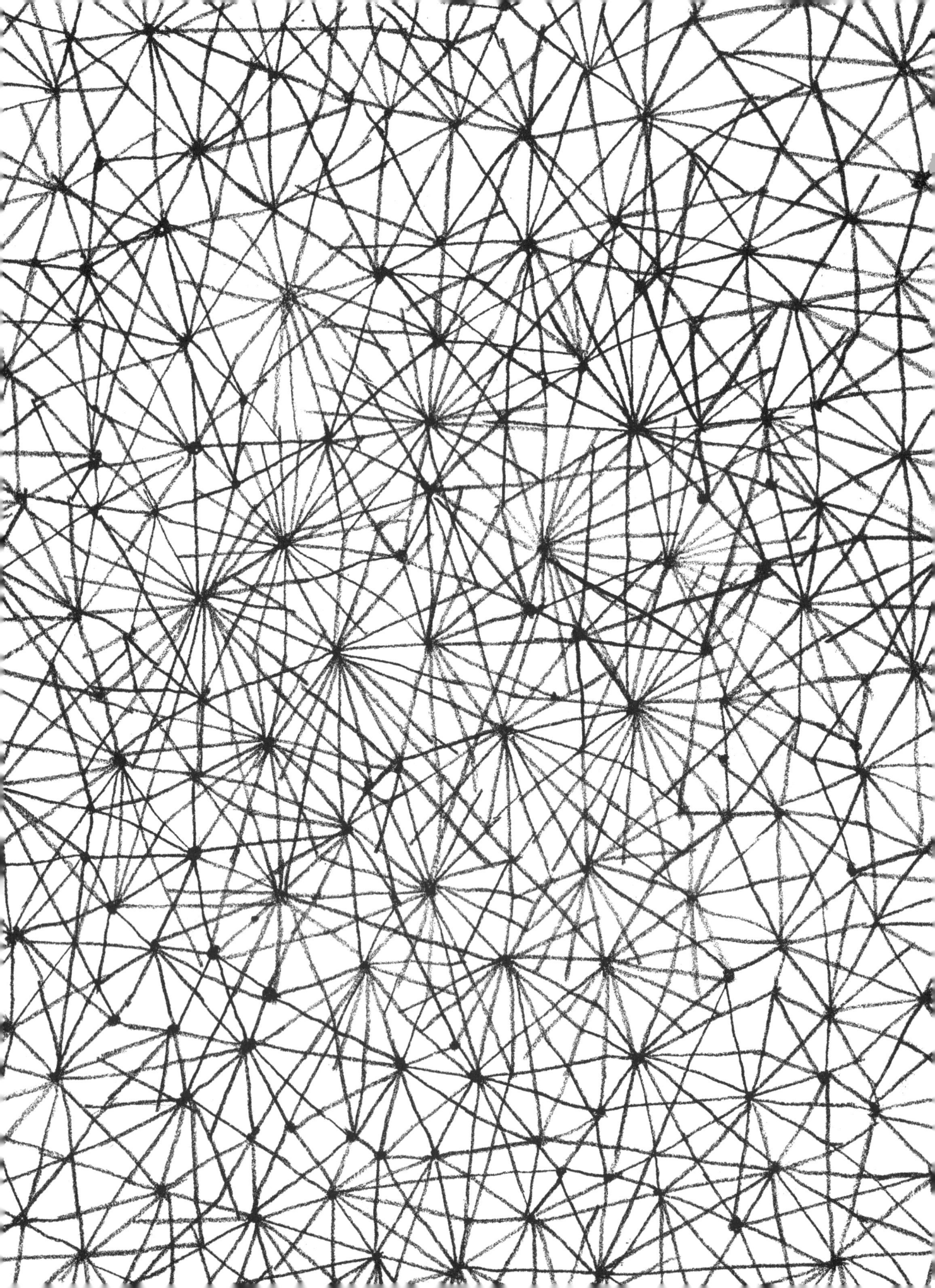

머릿속을 소개할게요

과학자들은 우주에서 가장 복잡하고 신비한 것 중 하나가 뇌라고 생각해요. 최신 통계에 따르면, 뇌 안에는 뉴런*이라 불리는 약 860억(86,000,000,000으로 길게 늘어놓으면 더 실감 나지요) 개의 세포가 있는데, 지구 인구인 79억(7,900,000,000)보다 훨씬 많아요.

뉴런은 다른 뉴런과 연결돼서 신호를 주고받아요. 이렇게 신호를 주고받는 연결 고리가 우리 뇌 속에는 수천억에서 100조 개나 있어요. 그러니까 뉴런은 모든 방향으로 뻗어 있는 거대한 통신 연결망이랍니다.

여러분이 비교하기를 좋아하고, 산수를 좋아한다면 잘 생각해 보세요. 뉴런을 한 줄로 연결하면 860킬로미터나 되는 도로를 만들 수 있어요. 이게 바로 우리 뇌 속의 모습인데요, 누가 더 감정이 풍부하고 더 똑똑한지와는 상관없이 비슷하게 생겼어요.

어찌 보면 우리가 생각하고, 춤추고, 발명하고, 감동하고, 울고, 크게 웃는다는 건 아이러니할 뿐 아니라 우스꽝스럽기까지 해요.

---

*뉴런 신경계를 구성하는 세포로, 신경 세포라고도 불러요.

이 모든 일을 책임지는 기관이 바로 뇌예요. 흐릿한 회백색을 띠고, 호두처럼 말려 있으며, 질감은 버섯에 가깝고, 무게는 1,300그램 정도 되지요.

끝이 보이지 않을 정도로 어마어마하게 긴 것도 모자라,
미로처럼 복잡하게 연결된 뉴런 도로를 상상해 보세요.
뇌 속에 있는 이 도로 위로
얼마나 많은 생각이 떠오르고 흘러갈까요…….

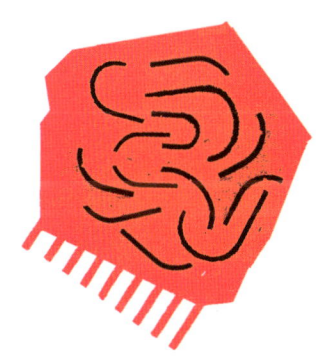

얼마나 예쁘고 구불구불한 풍경인가요

 언젠가 뇌를 조사하는 탐험대가 만들어진다면 우리는 뇌에서 보게 될 풍경에 깜짝 놀랄 거예요. 끊임없이 펼쳐진 구불구불한 언덕이 우리의 눈길을 사로잡을 테니까요. 주름이 왜 그리 많냐고요? 그 이유는 아주 간단해요. 표면에 주름을 잡으면 공간을 절약할 수 있기 때문이에요. 예를 들어 종이를 펼쳐 놓는 것보다 접거나 구겨서 놓으면 테이블 공간이 많이 남을 거예요. 그러면 더 많은 종이를 테이블에 올려놓을 수 있겠지요. 우리 뇌도 주름 덕분에 더 많은 정보를 저장할 수 있어요.

우리는 어떻게 이런 모습이 됐을까요?

　190만 년 전, 그러니까 인간이 두 발로 걷기 시작했을 때 엄청난 일이 일어났어요. 두 발로 걸으면서 손이 자유로워졌기 때문에 엄지가 점점 내려가 다른 손가락 방향으로 구부릴 수 있게 됐던 거예요. 그래서 엄지와 검지를 함께 구부려 서로 맞닿게 해서 집게 모양을 만들 수 있었지요. 이게 인간이 성공한 비결 중 하나랍니다. 물건을 잘 잡으니까 도구를 사용할 수 있게 됐고, 바느질처럼 섬세한 작업도 할 수 있게 됐지요.

　그런데 손을 잘 쓰려면 뇌의 도움이 꼭 필요해요. 손과 뇌는 서로 협력해서 인간이 창의적인 문명을 이룩할 수 있게 해 주었어요. 그다음에는 이쪽 손가락이 저쪽 손가락에, 저쪽 손가락이 이쪽 손가락에 서로 맞닿으면서 더 많은 경험을 할 수 있게 됐어요. 이렇게 발전한 손 기술은 두뇌의 발달로 이어졌어요. 마찬가지로 발달한 뇌는 인간이 손을 더 잘 쓰고, 보다 창의적이 되도록 이끌었어요.

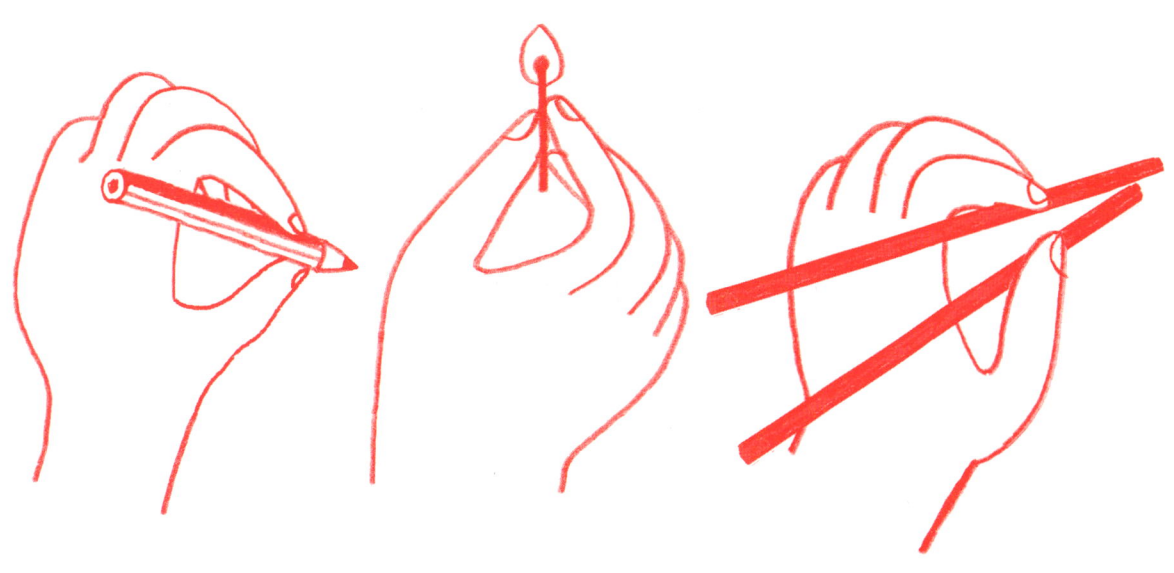

서로 손을 마주 잡고

인간의 진화 과정에서 또 다른 중요한 요소는 집단생활이었어요. 태어난 지 얼마 안 돼 독립적으로 생활하는 여느 동물들과 달리, 우리의 뇌는 태어날 때는 불완전해요. 그 때문에 완전히 발달하려면 다른 사람들과 상호 작용을 해야 해요.

그래서 인간은 무리를 지어 살지요. 다른 사람들과 관계를 맺고, 그 속에서 문화적·사회적인 영향을 받으며 서로에게 의지하지요.

다른 사람들과 함께하는 삶은 즐겁기도 하고 장점도 있지만, 우리 모두가 알다시피 늘 좋기만 한 것은 아니에요. 그러나 신기하게도 이런 어려움들이 뇌 발달에 도움이 된답니다!

모둠 과제를 놓고 친구들과 의견을 나눌 때 생기는 어려움에 대해 생각해 봐요. 여기엔 아주 복잡하고 발달된 뇌가 필요해요. 준비하기, 계획하기, 역할 나누기, 조사하기, 그리고 아무도 화내지 않고 똘똘 뭉쳐 열심히 하기. 그러려면 다른 친구들의 마음을 읽어야 해요. 뇌는 어떻게 이런 일을 할까요?

우리의 뇌는 사회적이에요.
뇌가 발달하려면 다른 사람들과 상호 작용을 해야 해요.
생각을 교환하고, 공감하고, 협력해야 하지요.

뇌도 변할까요?

인류가 진화하는 동안 뇌가 변했어요! 지난 300만 년 동안 인간의 뇌는 점점 커졌답니다. 450그램밖에 안 되던 뇌는 약 1,300그램으로 늘어났어요. 어떻게 이런 일이 벌어졌냐고요? 그 이유는 뇌가 할 일이 늘었기 때문이에요.

인간의 뇌에는 다른 동물들보다 특히 더 발달한 부분이 있어요. 바로 추리하고 판단하는 능력을 담당하는 부분인데, 대뇌(큰골) 피질*이라고 불러요. 뇌의 바깥층이고, 2~4밀리미터 두께에 표면은 거칠어요.

과학자들은 대뇌 피질 중에서도 필요한 정보를 찾아 모으고, 모아 둔 정보를 연결시키는 데 쓰는 영역이 가장 커졌다는 걸 알게 됐어요. 이 영역은 여행 갈 짐을 싸거나 수학 문제를 푸는 일에 사용돼요.

뇌의 무게는
전체 몸무게의 2퍼센트에 불과하지만,
음식을 통해 섭취하는 에너지의
5분의 1을 소비합니다!
즉 성인이 하루에 몸을 제대로
움직이는 데 필요한 2,500칼로리 중에서
500칼로리는 뇌를 위한 거예요.
냠냠…….

***피질** 대뇌나 소뇌의 바깥층을 이루는 회백질 부분이에요.

불로 고기를 익혀 먹자 일어난 일

고기나 생선 등의 날음식은 씹기가 힘들지요. 그런데 인간은 이 날음식을 더 쉽게 씹기 위해 불에 익혀서 먹었어요. 덕분에 음식을 날것으로 먹는 다른 영장류에 비해 보다 짧은 시간에 더 많은 칼로리를 섭취할 수 있었어요. 그래서 인간은 몸뿐만 아니라 뇌에도 양분을 충분히 공급할 수 있게 됐답니다.

만약 우리가 사냥을 해서 날음식만 먹었다면?

영장류는 하루에 8.5시간을 몸과 뇌에 양분을 공급하는 데 사용해요. 부엌이 뇌 발달에 좋은 영향을 주었다고 믿는 브라질의 신경 과학자 수자나 에르쿨라누 오젤 박사는 성인이 음식을 섭취하는 데 걸리는 시간을 계산했어요. 그리고 인간이 다른 영장류처럼 날음식에서만 에너지를 얻는다면 양분을 공급하는 데 훨씬 더 많은 시간이 필요하다는 결론에 이르렀어요! 날음식만 먹으면 더 복잡한 활동, 예를 들어 공부하거나 일하거나 노는 데 집중할 시간이 확 줄어드는 거예요.

모든
뉴런을 합치면
860억 개이고,
60와트 전구를
켤 수 있는
전기를 생산해요.

인간의 뇌가 성숙하는 데 25년이 걸려요

인간은 일반 포유류보다 더 많은 시간을 부모에게 의존하는 생명체예요. 인간의 뇌가 24세 전후가 돼서야 완전히 성숙해진다는 점을 생각해 보면 쉽게 알 수 있을 거예요! 하지만 부모 품에서 자라는 동안 우리 뇌는 배우고 성장할 수 있는 기회를 더 많이 얻을 수 있지요. 다른 포유류와 비교하면 단점 같지만, 덕분에 우리 뇌는 매우 풍부하면서도 복잡하게 진화할 수 있었답니다.

인간의 뇌는 300만 년에 걸쳐 진화했고, 우리가 살아 있는 동안 계속 진화해요.

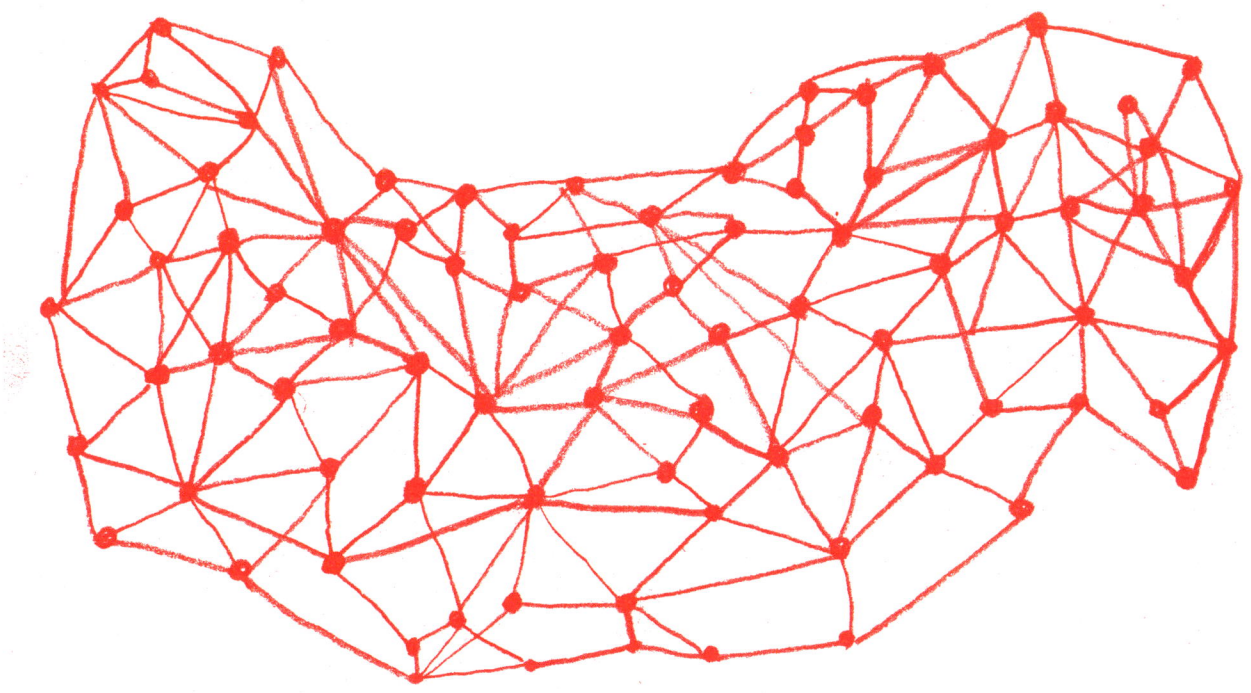

생각을 보는 일이 가능할까요?

생각이 들리나요? 생각을 기록할 수 있나요? 생각은 추상적인 거예요. 생각을 본 사람은 이 세상에 아무도 없어요. 하지만 설명할 수는 있지요. 그림으로 그릴 수도 있고, 음악으로 바꿀 수도 있어요. 그러나 만질 수는 없어요.

뇌를 연구하는 과학자들은 우리의 생각이 실제로 존재하고, 설명할 수 없는 허상이 아니라는 점을 알고 있어요. 그렇다면 생각을 할 때 뇌 안에서는 어떤 일이 일어날까요?

마치 신호를 껐다 켰다 하는 스위치처럼 뉴런과 뉴런이 수백 수천 개의 전기 화학적 신호를 찌릿찌릿 주고받으며 메시지를 전송하지요. 이렇게 뉴런 사이에 정보가 오가는 부분을 시냅스라고 불러요.

협동과 연결이 중요해요

많은 과학자가 뇌를 컴퓨터, 도서관 또는 대도시에 비유합니다. 하지만 뇌를 흰개미가 지은 집과 비교하는 과학자도 있어요.

흰개미들은 자기들이 함께 일한다는 사실을 크게 의식하지 않아요. 각자 열심히 일할 뿐이지요. 하지만 각각의 힘이 합쳐지면 거대하고 멋진 개미집이 만들어져요.

우리 뇌도 마찬가지예요. 뉴런들은 전기 신호와 신경 전달 물질*을 이용한 화학 신호를 주고받을 뿐이지만, 수많은 연결망이 함께 작동해서 멋지고 훌륭한 생각이 일어나지요. 흰개미 한 마리와 한 개의 뉴런은 아무런 힘이 없지만 서로 협동하면 엄청난 일을 할 수 있는 거예요.

뉴런 수가 많다는 게 놀라운 것이 아니라
뉴런이 서로 연결돼 무엇을 할 수 있는지가 중요해요.
뇌에 생명을 불어넣는 것이 바로 이 뉴런들의 연결이에요!

---

* **신경 전달 물질** 뇌를 비롯해 체내 신경 세포에서 나와 이웃한 신경 세포에 정보를 전달하는 물질이에요.

이 뇌 안에는 무엇이 있을까요?

성장

뇌는 완전하지 않은 상태로 태어납니다.
하지만 스스로 완성될 준비가 돼 있지요.
여러분은 지금 그 과정에 있어요.

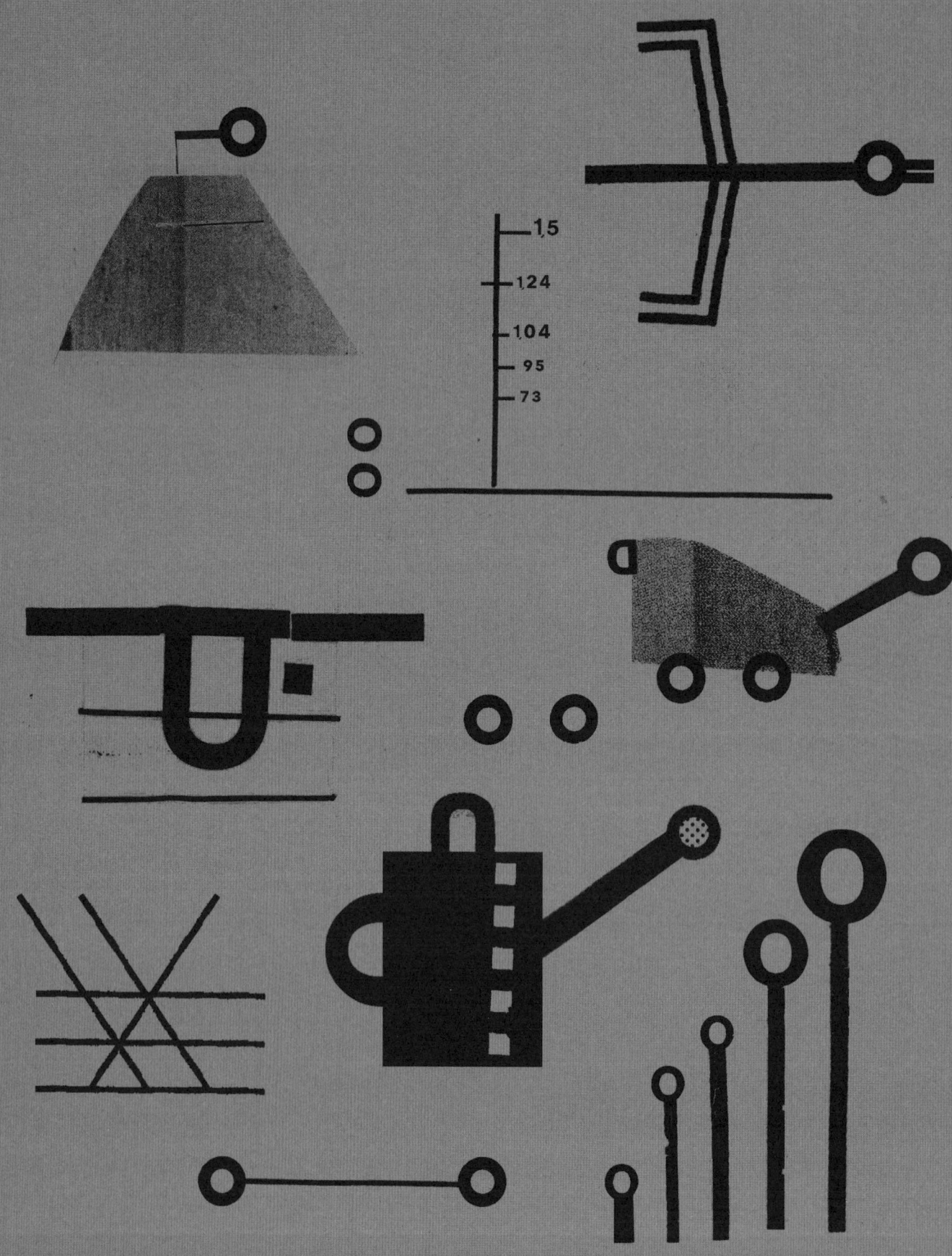

계속 변하는 뇌의 삶

뇌는 태어나서 죽는 순간까지 놀라운 방식으로 변화해요. 과학자들은 아직까지 뇌의 발달 과정에서 일어나는 예상치 못한 사태나 사고에 대해 일부만 알고 있어요. 그러나 한 가지는 확실해요. 뇌는 지금 이 순간에도 변화하고 있으며, 여러분이 어렸을 때, 10대일 때 그리고 성인일 때 모두 다르게 작동한다는 사실!

여러분, 지구상에서 가장 복잡한 장비를 만들 준비를 하세요.

출생 전

뇌는 생명을 얻은 지 3주쯤 되면 태아의 신경관이라고 불리는 곳에서 발달하기 시작해요. 모세포* 덕분에 이 영역 A이 대뇌가 되는데, 모세포들은 여기에 자리를 잡고 수십억 개의 뉴런과 그 밖의 또 다른 뇌세포들을 만들어요. 꼬리 영역에는 움직임을 조정하는 소뇌(작은골) B와 몸 전체에 신경 자극을 전달하는 척수(등골)* C가 형성되지요.

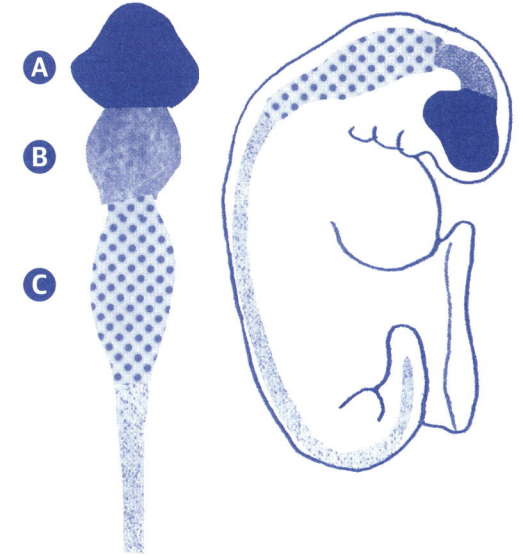

4주가 지나면 뉴런이 1분에 25만 개씩 어지러울 정도의 속도로 빠르게 만들어져요.

심장이나 팔다리 같은 다른 기관이 부러워할 정도의 속도지요! 뉴런이 연결되기 시작하면 드디어 뇌가 작동해요.

24주가 될 때까지 신경관은 계속해서 여러 갈래로 갈라지며 뇌의 다른 영역들을 만들어요.

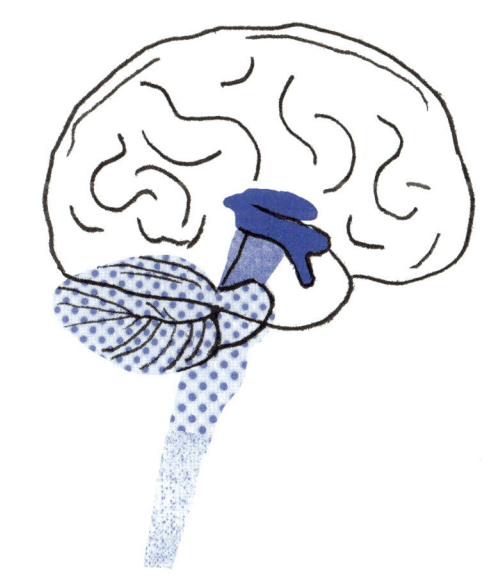

---

* **모세포** 어떤 형태의 세포로도 바뀔 수 있는 세포들이에요.
* **척수(등골)** 척추뼈(등골뼈) 속에 있는 중추 신경계의 한 부분이에요.

뉴런은 결코 뒤섞이지 않아요

뇌가 만들어지는 동안 뉴런은 자신이 지을 건물의 상세한 설계도와 지피에스*(GPS)를 갖고 여기저기 다니는 것 같아요. 한 층 한 층씩, 중심에서 바깥으로, 마치 양파처럼 여섯 개의 피질(겉질) 층을 만들어요. 각각의 뉴런은 자신이 일할 장소까지 가는 경로를 알고 있어요. 이 모든 과정은 우연히 일어나는 게 아니에요. 수백만 개의 세포가 매일매일 움직이기 때문에 이 과정을 이주라고 불러요. 진정한 오디세이*인 거지요!

임신 24주가 되면 뇌에는 이미 상당한 양의 뉴런(약 860억 개)이 생겨 매 순간 수천억에서 100조 개의 연결(시냅스)이 뉴런 사이에서 이뤄진답니다. 이 시기에 지구상에서 가장 복잡한 장비인 뇌는 여러분을 인간으로 만들어 주는 매우 특별한 기능을 작동할 준비가 되어 있어요.

이제 뇌가 건강하게 발달하려면 바깥세상을 봐야 해요. 어머니의 배 속에서 나올 때가 된 거지요.

---

*지피에스 인공위성을 통해 자신의 위치를 파악할 수 있는 기술, 시스템을 말해요.
*오디세이 고대 그리스의 장편 서사시로, 주인공 오디세우스가 엄청난 모험을 겪는 이야기예요. 여기에서는 경험으로 가득 찬 긴 여정을 의미하는 말로 쓰였어요.

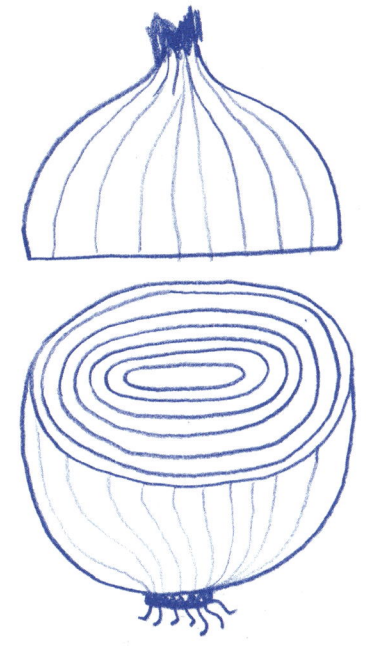

> **질문**
>
> **어제와 오늘**
> 여러분이 여섯 살 때 어땠는지 기억나요?
> 잘 기억나지 않는다면 그 시절의 사진을 찾아보세요.
> 사진은 무엇을 말해 주나요?
> 그때 겪은 도전을 기억할 수 있나요?
> 그때 무엇을 배웠나요? 무엇이 어려웠나요?

▶ 출생 후, 어린 시절

　바깥세상으로 나온 뇌는 주변에 있는 모든 것을 알고 이해하기를 원해요. 뉴런이 자궁에 있을 때 소리와 촉감, 움직임에 대해 뉴런끼리 메시지를 주고받았다면…… 이제는 외부 세계를 상상해요!

　신생아의 머리에서 감각 기관은 최고 속도로 움직이고, 뉴런은 초고속으로 서로에게 메시지를 보냅니다. 감각을 파악하고, 정보를 알리고, 반응을 요청하고, 응답을 받고, 다시 반응을 보내고, 배우고, 머릿속에 정보를 저장하지요……. 우아!

　따라서 이 열정적인 오케스트라를 지휘하고 관리하기 위해 두 살이 될 때까지 뇌에서 초당 최고 100조 개의 새로운 시냅스가 생긴답니다! 이 시기의 아이들은 성인의 거의 두 배 가까운 시냅스가 생기기 때문에 고집이 세져요. 그리고 스펀지처럼 주변 세계를 흡수하지요.

성장

뉴런의 연결망

우리가 성장함에 따라 뉴런들의 연결망이 어떻게 증가하는지 보세요.

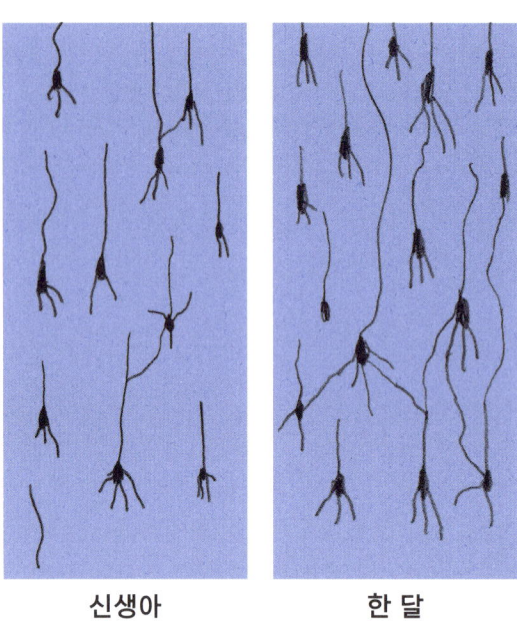

신생아　　　　한 달

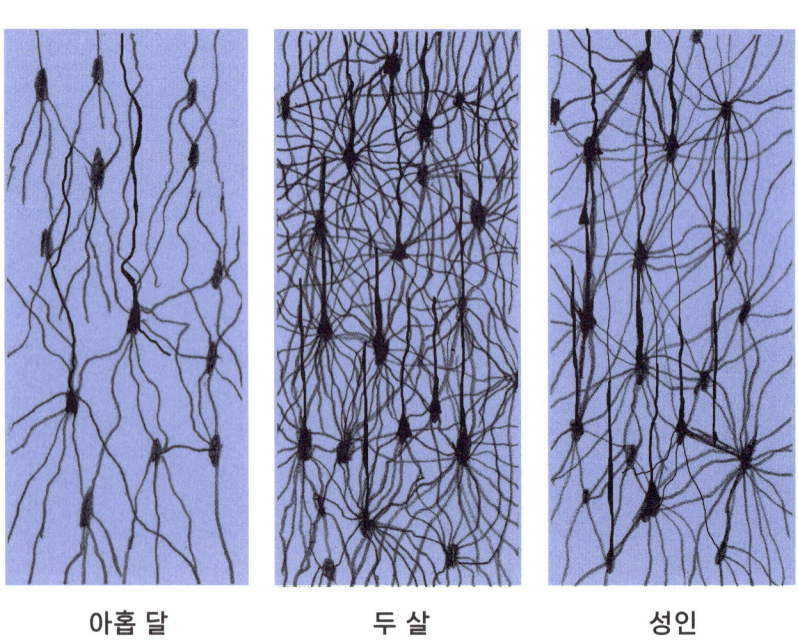

아홉 달　　　두 살　　　성인

어린아이의 뇌는 부모로부터 받은 유전자를 바탕으로 발달한다고 알려져 있어요. 하지만 뇌의 발달에서 가장 중요한 건 아이가 생활하고 사람들과 교류하는 환경이에요. 그래서 놀고, 경험하고, 사랑받는 것이 중요하답니다. 왜냐하면 이러한 자극들이 뇌의 모든 영역을 자라게 해 주기 때문이에요. 그러나 이 모든 일이 어떻게 진행되는지는 과학자들도 아직 자세히 알지 못해요.

사용하지 않으면 없어질 거예요

2~3세의 어린아이 뇌에는 어른보다 훨씬 더 많은 시냅스가 있어요. 하지만 우리는 태어날 때 물려받은 유전자의 영향을 받기도 하고, 한 영역의 특정한 뉴런을 다른 영역의 뉴런보다 더 많이 사용하지요. 이 과정에서 우리가 반복적으로 사용하는 일부 시냅스만 살아남고 나머지 시냅스는 없어진답니다.

뇌가 사용하지 않는 시냅스는 연결이 끊어집니다.
따라서 여러분이 뭔가를 하지 않겠다고 결정한 것도
뭔가를 하기로 결정한 것만큼 중요해요.

과학자들은 이런 시냅스의 퇴화 과정을 정원사가 가지치기를 통해 나무가 더 잘 자라도록 하는 것처럼 보인다고 해서 '시냅스 가지치기'라고 불렀어요. 이 과정은 청소년기가 끝날 때까지 계속돼요. 그러나 퇴화 과정이 우리 뇌에 나쁜 것만은 아니니 안심하세요. 그것은 자연스러운 과정이니까요. 뇌는 빠르고 효율적으로 작동하기 위해 우리가 자주 하는 일을 전문으로 더 많이 하는 거예요.

춤과 힙합을 좋아합니다.	보통은 스케이트를 타지 않습니다.
▼	▼
좋아하는 활동에 힘을 쏟는 수천 개의 시냅스	자주 하지 않는 활동에 힘을 쏟는 적은 수의 시냅스

열 살 무렵이 되면 두 살까지 뇌에 있던 시냅스의 50퍼센트가 없어지는 것으로 알려져 있어요. 이런 사실은 성인의 두뇌에 대한 단서를 제공해요. 바로 전문가 두뇌가 되는 거지요(하지만 알아 두세요, 뇌는 언제나 새로운 걸 배울 준비가 돼 있어요).

청소년기, 격동과 발견의 시절

청소년기에 오면 두뇌에서의 마지막 변화가 이뤄져요. 사실 이 단계는 뇌 발달의 가장 중요한 단계 중 하나로 여겨지지만, 가장 혼란스럽기도 해요.

이 시기에 뇌는 우리가 안전한 집을 나와 미지의 영역으로 나아갈 수 있도록 준비해요.

청소년기는 언제까지인가요?

학자들은 20년 전까지만 해도 아동기 후반에 뇌 발달이 끝난다고 생각했어요. 그러나 핵자기 공명 장치(MRI) 덕분에 과학자들은 청소년기의 뇌를 들여다볼 수 있었고, 뇌 발달이 완전히 끝나는 것은 24세 이후라는 사실을 밝혀냈지요. 이쯤에서 '아하!', 즉 "알겠어, 바로 이거야!"라는 말이 나올 만하지 않나요? 왜냐하면 청소년들이 왜 어린아이처럼 생각하고 행동하는지를 이제야 좀 더 이해할 수 있기 때문이랍니다.

청소년들은 부모와 떨어져 지내려 하고, 규칙을 어기려 하고, 옷과 거울 주변에서 더 많은 시간을 보내고 싶어 해요. 부모의 의견과 반대되는 자기 의견을 내세우고, 슈퍼 모험가이며, 친구들과 어울리기를 좋아해요. 감정은 자주 롤러코스터를 탑니다. 어떤 때는 미친 듯이 좋아하다가 더할 수 없이 미워하기도 하고, 또 어떤 때는 한껏 들떠 있다가도 갑자기 우울해져서 방 안에 틀어박혀 지내요. 이런 현상은 자연스러운 거예요. 왜 그럴까요?

그건 청소년의 뇌가 성인처럼 완전한 크기와 무게는 가지고 있지만 여전히 발달하지 못한 부분이 있기 때문이에요.

아직 조율되지 않은 오케스트라

청소년의 두뇌는 충분히 연습하지 않은 교향악단에 비유할 수 있어요. 바이올린은 조율되지 않아 귀에 거슬리는 소리를 내고, 콘트라베이스도 웅얼거리듯 낮은 소리를 내고 있지요.

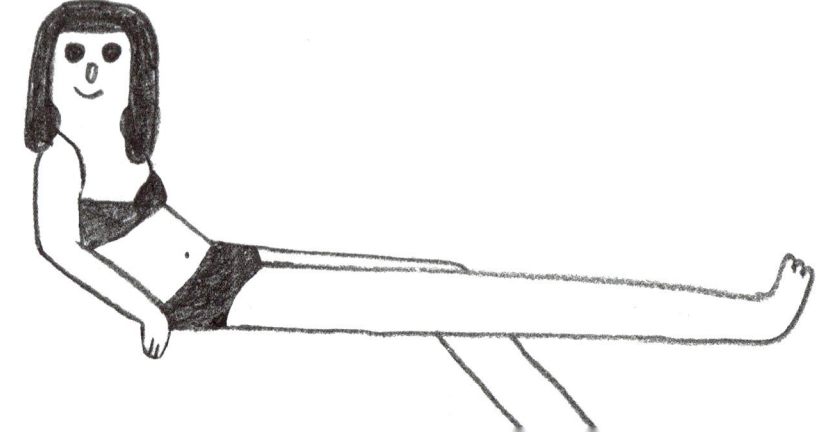

　금관 악기 파트에서 트럼펫은 튜바와 실랑이를 벌이고, 타악기들은 '붐부파, 붐!' 하며 큰 소리를 내고 있어요……. 이런 어수선한 상황에서 오케스트라 지휘자도 아직 도착하지 않았네요! 여기서 오케스트라 지휘자가 바로 전두엽이에요. 청소년기에 성숙해져서, 성인이 됐을 때 자기 삶을 결정할 수 있게 하는 우리 뇌의 한 부분이지요.

전두엽은 어떤 일을 하나요?

　전두엽은 다른 영역의 정보를 중앙으로 모아서 관리해요. 추상적인 사고, 감정, 결정, 본능을 조절하는 일을 담당하지요. 우리가 내일 해야 할 일과 몇 주 후에 해야 할 일을 계획하고 어려운 상황에서 무엇이 '옳고 그른지', '좋고 나쁜지' 판단하는 일을 도와줍니다. 결국 우리가 자유롭고, 책임감 있고, 독립적인 성인이 되게 해 주는 뇌의 한 부분이지요.

청소년의 뇌에서는 무슨 일이 일어나고 있을까요?

가위로 나무를 다듬는 정원사를 예로 들어 볼까요? 어린 시절부터 '가위질'을 배운 정원사가 청소년기에 들어섰어요. 이 시기에는 더 복잡해진 뇌의 전두엽이 뇌의 여러 영역 간에 이뤄지는 의사소통을 조정해요. 청소년들이 생각하고 행동하는 방식이 충동적이거나 서투른 건 놀라운 일이 아니에요. 청소년의 뇌는 지금 만들어지는 단계에 있기 때문이에요.

청소년기에는 해마(기억의 중심)와 전두엽의 연결이 강화되면서 그동안 살아온 경험에 따라 더 잘 평가하고 결정하며, 계획을 세울 줄 알게 돼요.

이때 이뤄지는 마지막 연결 중 하나는 편도체와 관련이 있어요. 편도체는 감정을 조절하는 법을 아는 뇌의 기초 영역이에요. 예를 들어 "침묵도 하나의 답이 될 수 있다는 것", "사람마다 자기만의 생각이 있다는 것", 아니면 "가끔 어떤 결정은 장단점이 있기 때문에 더 좋은 결정을 내리려면 잘 생각해야 한다는 것" 등등 말이지요.

질문

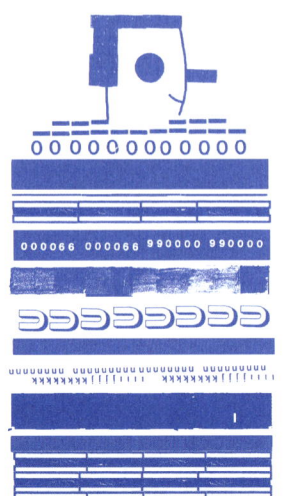

할아버지도 한때는 아이였어요.

여러분이 알고 있는 나이 많은 사람들, 할머니나 할아버지와 얘기해 보세요. 그분들의 삶과 청소년기의 이야기를 들어 보세요. 그분들이 살아오는 동안 바뀐 게 무엇이고, 바뀌지 않은 건 무엇인가요?

하나도 위험하지 않은걸요

청소년의 뇌는 기쁨과 흥분을 조절하는 도파민 뉴런이 어떤 영역에는 너무 많고, 어떤 영역에는 부족한데 이것은 청소년들이 새로운 경험을 찾거나 대담한 일을 하는 이유를 설명해 줘요. 청소년기에 우리는 친구들에게 깊은 인상을 심어 주고 싶어 해서 스케이트보드를 타고 계단 난간을 내려가거나, 시험공부를 하는 대신 음악을 들어요. 또 생일 파티에 초대받지 않았을 때 세상이 무너지는 듯한 느낌을 받는 게 바로 이 청소년기의 삶이랍니다. 비극이지요!

난간 위에서 스케이트보드를 타면 위험하다거나, 시험공부를 하는 게 이득이 된다는 걸 인지하지 못하지만 위험을 무릅쓰고 새로운 것을 발견하려는 의욕은 사실 청소년에게는 자연스러운 태도라고 할 수 있어요. 그것은 마치 청소년이 독립적인 어른이 되기 위해 "보금자리를 떠날" 준비를 하는 것과 같아요.

몸과 머리는 이어져 있어요

어린 주인이 뭔가를 생각하도록 만드는 건 전두엽만이 아니랍니다. 호르몬 역시 빠른 속도로 일을 해요. 성장 호르몬과 성호르몬은 남자아이를 성인 남자로, 여자아이를 성인 여자로 만들어 줘요. 이건 그 자체로 엄청나고 환상적인 일이지요. 호르몬은 다양한 감정을 느끼게 하고 각성 상태를 일으켜요. 그야말로 매우 정열적인 격동의 시기예요! 너무 격렬해서 20세기 초에 일부 과학자들은 이 시기를 두 번째 탄생이라고까지 말했답니다!

▶ 성년기, 우리의 의지대로 작동하는 뇌

이제 성인은 자기가 사용할 수 있는 완전한 두뇌를 갖게 됐어요! 이것은 100조(0을 한번 세어 보세요. 100,000,000,000,000! 0이 몇 개인가요?) 개의 시냅스를 통해 뇌의 모든 영역을 연결하는 약 860억 개의 뉴런을 가졌다는 걸 의미해요. 전두엽은 생각과 감정을 제어함으로써 인간을 생각하는 존재로서 보다 현명하게 만들어 줘요. 하지만 성인도 때로는 어리석은 짓을 하기 때문에 늘 그런 건 아니랍니다. 성인의 뉴런 연결망은 복잡하지만 빠르고 효율적이랍니다.

아슬아슬 곡예를 부리는 뇌

성인의 뇌가 어떻게 진화하는지는 성인이 어떤 일을 하는지와 관련이 있어요. 뇌는 항상 춤이나 언어, 직업처럼 무언가를 새롭게 배울 준비가 돼 있어요. 마치 서커스 곡예사가 얼마나 노력하느냐에 따라 곡예의 숙련도가 달라지듯이, 뇌가 도전하는 난이도와 민첩함을 높이는 일은 우리 각자에게 달려 있어요.

사실 뇌는 갑자기 닥쳐온 엄청난 도전에도 적응할 수 있어요! 그 때문에 병이나 사고가 나서 어느 부위가 제 기능을 하지 못하면 뇌의 다른 부위가 대신할 정도랍니다. 심지어 이런 똑똑한 움직임에는 이름까지 있어요. 바로 뇌의 가소성*이라고 부르는데, 얼마 전에 과학자들이 밝혀낸 뇌의 멋진 능력 중 하나랍니다.

어렸을 때의 뇌는 특히 유연해요. 우리가 새로운 것을 어떻게 끊임없이 배우는지를 살펴보면 쉽게 알 수 있어요. 게다가 가소성은 나이가 들어도 그대로 이어져요. 평생 유지되지요. 과학자들은 눈에 보이는 것보다 훨씬 더 많은 가소성이 뇌에 존재한다는 걸 인정하기도 한답니다.

***뇌의 가소성** 환경 변화에 적응하고 대처할 수 있는 유연한 능력이에요.

도전

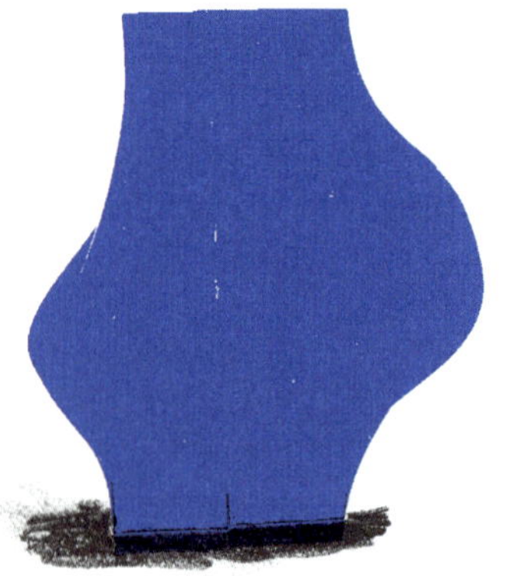

마음먹은 대로 바꿀 수 있어요.

점토 덩어리를 손가락으로 찌르면 흔적이 남아요. 그대로 두면 흔적이 남아 있지만 다시 반죽하면 없어져요. 점토는 우리가 원하는 대로 모양을 만들 수 있기 때문이에요.
똑같은 현상이 뇌에서도 일어나요. 신경 회로는 점토 덩어리처럼 작동해요. 즉 상황과 필요에 따라 적응하고, 뇌를 재구성하지요.
점토를 다루듯 자유자재로 뇌를 사용해 보세요.

▶ 노년기, 지혜로워지는 뇌

뇌는 20대 중반에 성숙해지는데, 또한 이때부터 뇌의 노화가 시작돼요. 하지만 뇌의 노화는 우리가 느끼지 못할 정도로 아주 천천히 진행돼요. 그래서 나이 들 때까지 우리는 새로운 걸 많이 배우고, 예상하지도 못했던 일을 하기 때문에 노화가 전혀 문제 되지 않을 수도 있어요!

1990년까지는 나이가 들면서 수백만 개의 뉴런이 죽고 새로운 기억 회로의 형성이 어릴 때보다 더 어렵다고 생각했어요. 하지만 그 이후에 삶의 마지막 순간까지도 뇌세포가 새로 생길 수 있다는 사실이 밝혀졌어요. 나이 들어 가면서 어려워지는 건 새로운 기억의 형성이에요. 예를 들어 안경을 어디에 두었는지 잊어버리는 건 일반적인 현상이지요(이런 일은 모든 연령대에서 일어나지만 나이가 들수록 더 심해진답니다). 이렇게 깜빡하고 잊어버리는 문제 때문에 해마에 기억을 저장하는 방법과 관련한 연구가 이뤄졌어요. 그 결과 나이가 들어 가면서 줄어드는 단백질이 있고, 또 새로운 기억의 생성을 어렵게 하는 단백질이 있다는 사실이 밝혀졌어요. 그리고 뉴런 회로가 느려지기 시작해 똑같은 반응을 하는 데 시간이 더 오래 걸린다는 사실도 발견됐어요. 이 때문에 나이 드신 분들이 일할 때는 더 많은 시간을 주어 제대로 일할 수 있도록 하는 게 중요해요.

우리의 뇌가 만들어지는 과정은 결코 끝나지 않아요.
우리의 뇌는 나이가 들어도 계속 변한답니다.
우리의 뇌는 죽는 날까지 계속해서 더 많은 걸 배울 수 있어요.

감각

우리 몸 밖에는 물질과 에너지만 있어요.
아직 소리나 색, 냄새로 느끼지는 않아요.
외부 세계의 자극은 몸 안,
즉 뇌에 전달돼야 비로소 알아차려요.

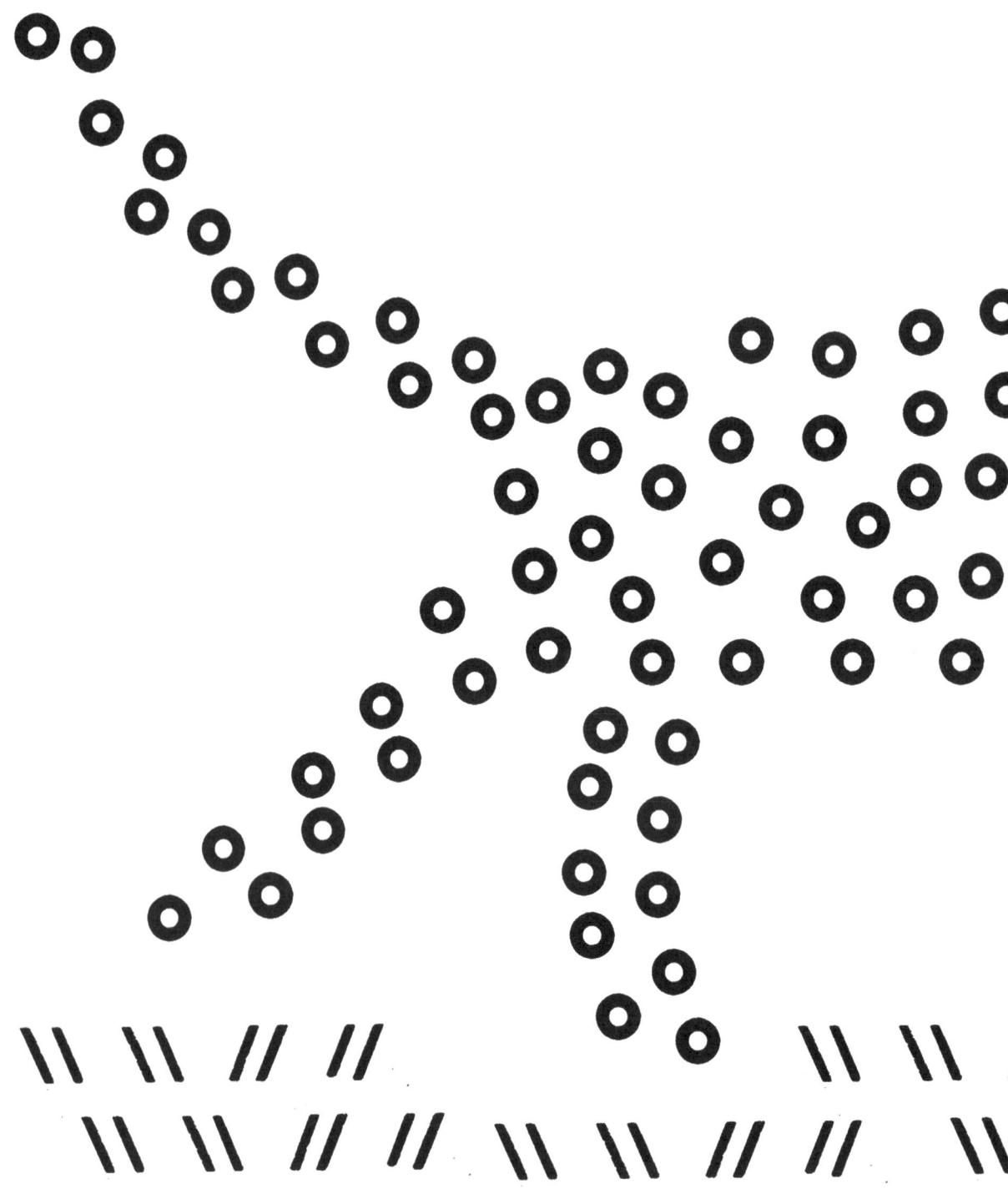

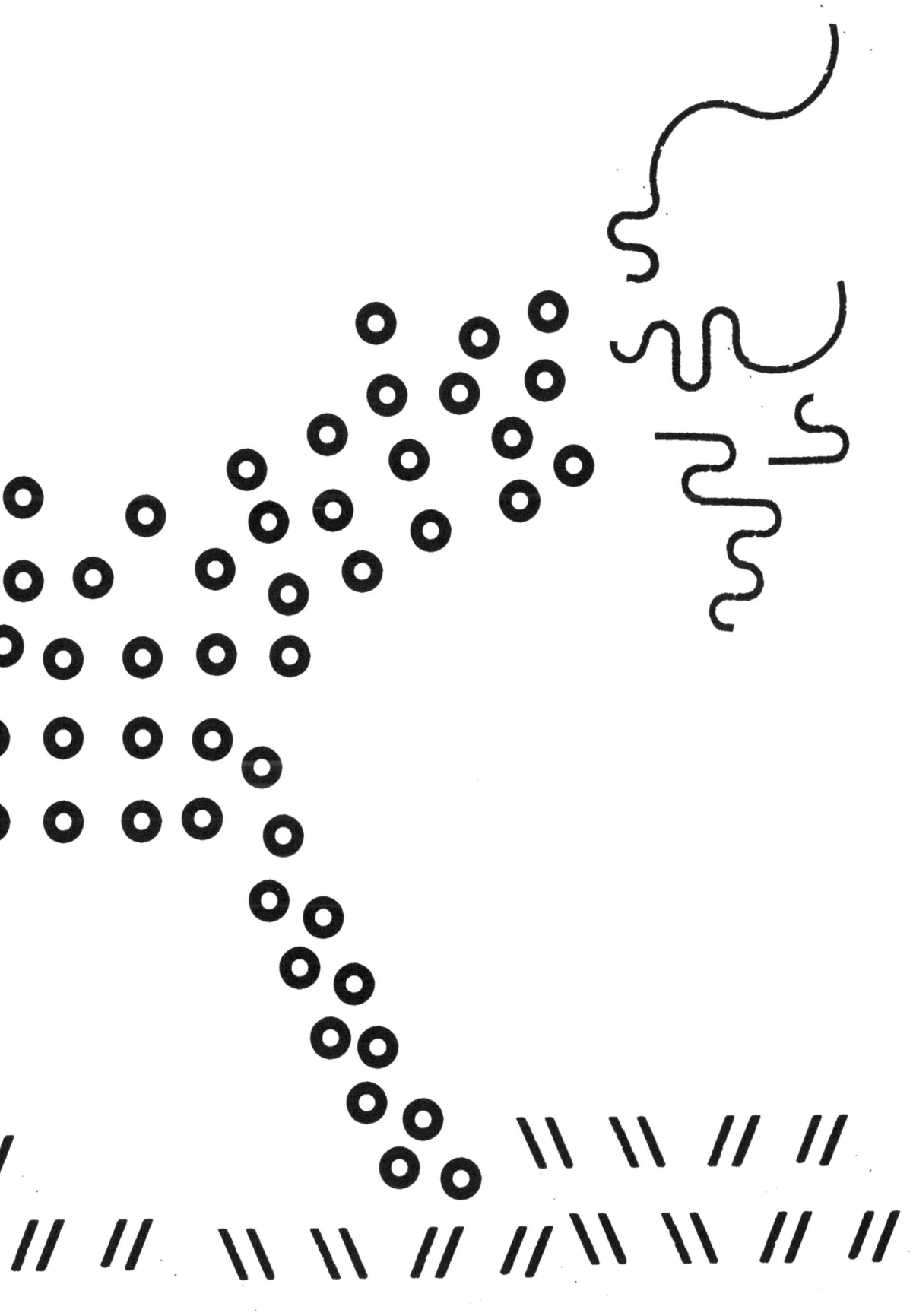

감각은 굉장한 느낌이에요

 감각은 우리와 외부 세계를 연결해 주는 유일한 수단이에요. 듣고, 만지고, 보고, 맛보고, 냄새를 맡음으로써 우리는 의사소통을 하고 배우면서 세상과 우리 자신을 알게 돼요. 감각 기관이 뇌로 보내는 신호 덕분에 세상을 이해하는 거지요.

무엇이 감각을 느끼는 걸까요?
 우리는 감각 기관들을 통해 외부에서 전해지는 자극을 지속적으로 받아들여요. 눈은 빛을 포착하고, 코는 공기 중의 화학 물질을 포착하며, 귀는 음파를 수신하지요. 또한 혀는 맛을 느끼고, 피부는 감촉을 느낍니다. 그런데 사실 이 모든 건 감각 기관이 느끼는 게 아니에요.

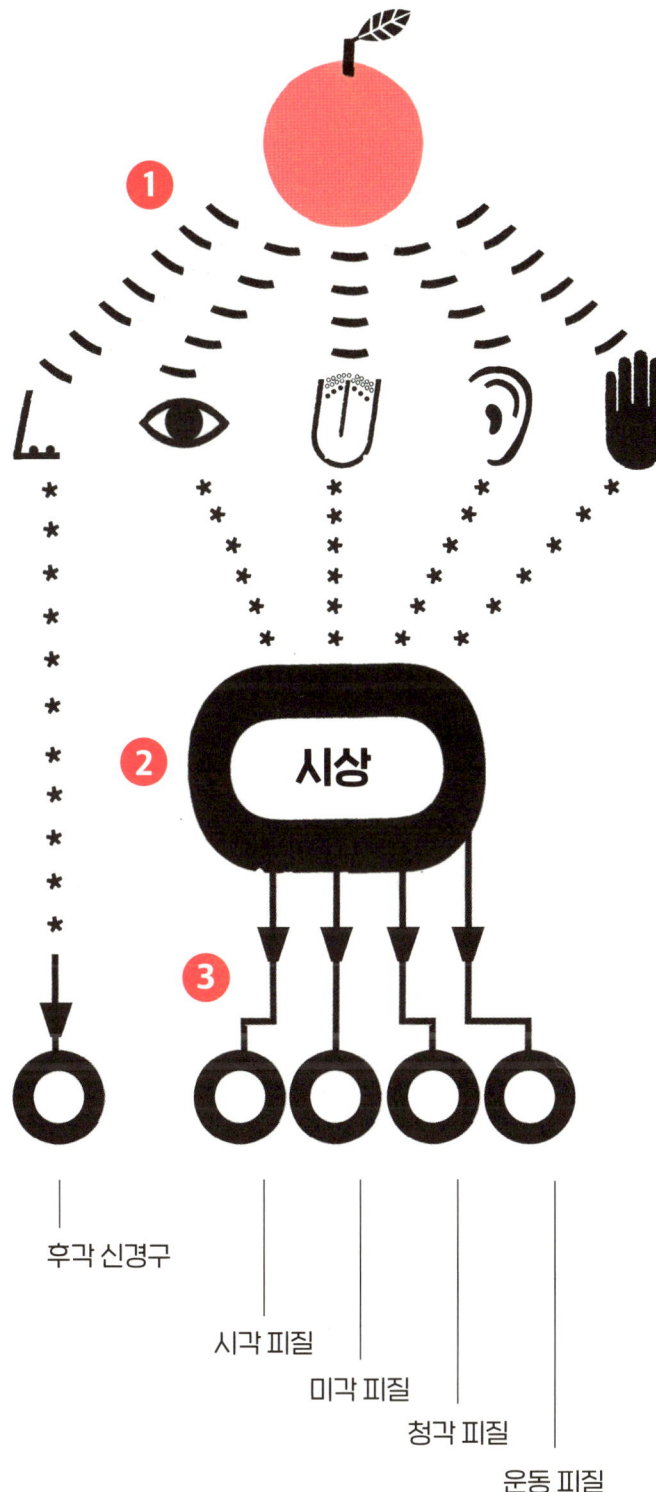

후각 신경구
시각 피질
미각 피질
청각 피질
운동 피질

자극을 느끼는 과정

❶ 먼저 자극이 오면 감각 기관에 있는 특수한 뉴런이 전기 신호의 형태를 뇌에 보내요.

❷ 두 번째로, 냄새와 관련된 신호는 빼고 대부분의 전기 신호는 시상* 영역으로 이동해요. 시상 영역은 분배자 역할을 하는데, 뉴런으로부터 받은 전기 신호를 뇌 피질의 각 영역으로 분리해서 보내요. 예를 들어 소리 신호는 청각 피질, 이미지 신호는 시각 피질로 말이지요.

❸ 세 번째로, 각 피질 영역에 도착한 전기 신호는 다시 자극으로 우리가 인식하는 변환 과정을 거쳐요. 전기 신호가 맛, 멜로디, 이미지로 바뀌고, 바로 그 순간에 우리는 그 자극을 인식하게 돼요! 따라서 실제로 우리가 느낀다는 건 피부나 혀 같은 감각 기관이 느끼는 게 아니라 뇌가 신호를 받고 내보내는 과정을 거치는 거예요. 그리고 이 과정은 아주 빠르게 진행돼요. 예를 들어 여러분이 어떤 소리를 듣고 그것이 개 짖는 소리라는 것을 뇌가 인식하는 데는 얼마나 걸릴까요?

---

*시상 간뇌(사이뇌)의 등 쪽에 있는 회색질 덩어리인데, 많은 신경핵군으로 이뤄졌으며 감각 정보를 처리하여 대뇌 피질에 전달하는 역할을 맡고 있어요.

한꺼번에 자극이 일어나면 혼란스럽지 않을까요?

만일 외부에서 전달되는 수많은 자극을 모두 받아들인다면 우리는 감각의 홍수에 혼란스러울 거예요. 하지만 실제로는 그렇지 않아요. 시끄러운 카페 안에서도 대화를 나누고, 사람들로 붐비는 해변에서 책을 읽을 수 있다는 게 그 증거지요.

그렇다면 그때는 무슨 일이 일어나는 걸까요? 일부 감각이 잠들어 있을까요? 아니에요, 모든 감각은 언제나 '차렷' 자세를 하고 준비돼 있어요. 하지만 뇌가 감각을 거르는 작업을 하기 때문에 우리는 이미 알고 있는 정보에는 불편해하지 않아요. 예를 들어 냉장고에서 나는 소음을 생각해 봐요. 시간이 지나면 우리는 그 소음에 익숙해져요. 또 몸에 옷감이 닿는 감촉을 생각해 봐요. 우리가 굳이 결정하지 않아도 뇌는 자동으로 그런 감각들을 무시해요. 정말 놀라운 일이지요!

반대로 우리는 새로운 자극이라면 아무리 미세해도 알아차려요. 팔에 부딪히는 나뭇가지, 희미한 계피 냄새……. 이러한 감각은 매우 선택적인 것으로, 생존과 관련돼 있어요. 선사 시대 때 숲속에서 호랑이나 표범 같은 동물이 밟는 나뭇잎 소리를 듣는 건 맹수의 밥이 되지 않게 해 주는 중요한 감각이었지요.

뇌는 차이와 변화를 감지하는 전문가예요. 놀라울 정도로 다른 점을 단번에 알아차리지요!

감각은 혼자 움직이지 않아요

감각 하나하나는 독립적인 시스템을 갖추고 있어요. 하지만 뇌가 어떤 현실을 가장 완벽하게 인식하려면 공동으로 움직여야 해요. 예를 들면 여러분이 배가 고파서 밥을 먹으려 할 때 얼마나 많은 감각이 필요할까요? 미각뿐만이 아니에요! 여러분은 공기 중에서 음식 냄새를 맡고, 요리가 얼마나 맛있을지 눈으로도 보지요. 소리 또한 마찬가지예요. 씹을 때 음식이 바삭바삭 부서지는 소리가 좋게 느껴지지 않나요? 촉감도 다를 바 없어요. 이런 감각들과 예전에 맛있는 걸 먹었던 여러분의 경험, 즉 기억이 합쳐져서 식탁으로 가야 할지 말지를 알려 주지요.

이렇게 여러 감각이 합쳐지는 일이 여러분의 일상생활에서 계속 일어나요.

다른 감각이 도와줘요!

질병이나 사고를 당해 감각을 잃거나 감각이 제대로 작동되지 않을 때 우리의 뇌는 부족한 걸 채우기 위해 다른 감각을 훈련시키려고 더 많이 노력해요. 이게 바로 앞에서 말한 뇌의 가소성이에요. 시각 장애인의 경우, 일반 사람보다 상대적으로 청각 능력이 더 뛰어난 것이 좋은 예지요.

착각이 일어날 때

가끔 감각들이 합쳐지면서 우리를 속이는 경우가 있는데, 이런 현상을 우리는 '착각'이라고 해요. 예를 들어 입술을 움직이는 모습만 봤을 뿐인데 그 사람이 말하는 소리가 들리는 것처럼 느껴질 때가 있어요. 그건 청각과 시각이 합쳐서 작용했기 때문이에요. 그래서 우리말로 더빙된 외국 영화를 볼 때 외국 배우가 우리말을 한다고 착각할 수도 있어요.

여러분이 알고 있는 착시 현상이 있나요? 그렇다면 다음 도전을 놓치지 마세요.

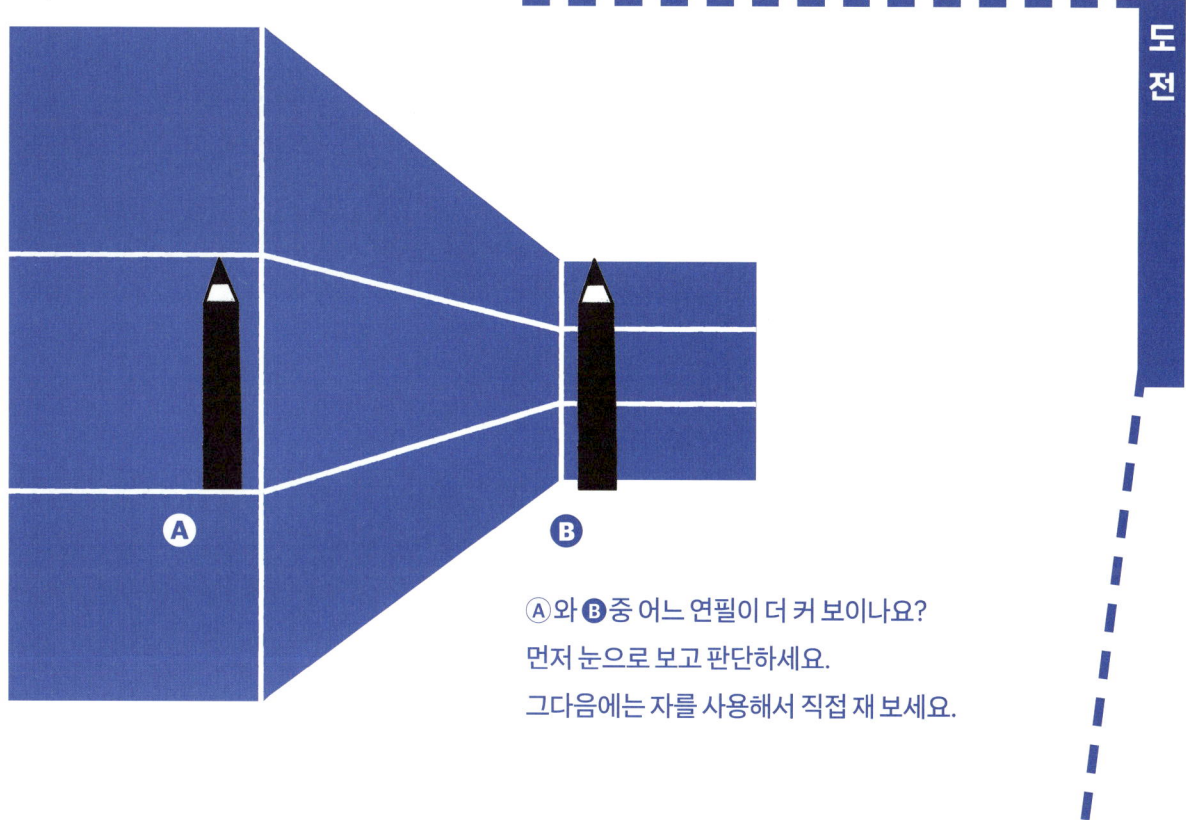

ⓐ와 ⓑ중 어느 연필이 더 커 보이나요?
먼저 눈으로 보고 판단하세요.
그다음에는 자를 사용해서 직접 재 보세요.

감각들이 마주칠 때

감각들이 서로 엇갈리거나 마주칠 때 나타나는 현상을 공감각*이라고 불러요. 공감각이란 하나의 감각이 다른 영역의 감각을 불러일으키는 현상을 말해요.

공감각을 가진 사람들은 어떤 단어와 연관해서 색깔을 보고, 냄새를 맡으면서 소리를 듣거나, 무언가를 만질 때 냄새를 느낄 수 있어요. 과학자들은 아직까지 공감각의 원인을 확실히 밝히지 못했지만 공감각을 지닌 사람들에게는 아주 자연스러운 일상이어서 그런 현상이 혼란스럽지는 않은 것 같아요.

***공감각** 하나의 감각이 다른 영역의 감각을 일으키는 거예요.

공감각 현상이 알려지지 않았던 시절에 활동한 공감각 예술가들이 있어요. 러시아 화가 바실리 칸딘스키는 색상마다 향기와 음악을 연결시켰어요. 헝가리 출신의 작곡가 프란츠 리스트는 음악 소리에서 색을 보았어요. 리스트가 처음으로 "좀 더 보라색 그리고 약한 푸른색으로" 오케스트라 단원들에게 연주해 달라고 요구했을 때 그 사람들이 느꼈을 혼란을 한번 상상해 보세요.

시 작품 속 공감각

종종 예술가들은 공감각을 갖고 있지 않아도 매우 흥미로운 방식으로 감각들의 결합을 탐구하며 한 감각에 다른 감각의 특성을 연관시켜요.

포르투갈의 시인인 소피아 드 멜루 브레이너 안드레센과 고메스 레알의 시에서 그런 공감각의 예들을 살펴보세요.

소피아 드 멜루 브레이너 안드레센
"우리는 여전히 크레타의 **'거친 빛'** 속에서 소생할 거예요."
거친 = 촉각 | 빛 = 시각

고메스 레알
"밤이다: 그리고 **'따뜻하고 고요한 파란색'** 아래"
따뜻한 = 촉각 | 고요한 = 청각 | 파란색 = 시각

같은 감각이지만 다르게 느껴져요

우리는 이처럼 감각 기관이 아닌 뇌로 자극을 느끼기 때문에 같은 자극이 다음 날 또는 시간이 많이 지났을 때 아주 다르게 느껴질 수도 있어요. 예를 들면 어느 날 너무 바빠서 학교에 책가방 메고 가는 걸 깜박할 수 있어요. 심지어 등에 가방이 없다는 사실조차 못 느낄 수도 있어요. 또 친구들과 어울리다 보면 음식을 보고도 전혀 관심이 없거나, 반대로 더 맛있게 느껴질 수 있어요.

감각에 대한 생각이 사람마다 다르다는 걸 이제는 알겠지요. 여러분은 구름을 보면서 하마라고 생각하지만 친구는 코끼리라고 여길 수도 있어요. 또 여러분은 딸기 잼을 좋아하지만 형은 그 냄새를 싫어할지도 몰라요. 어떤 노래는 여러분의 귀에 멋지게 들려도, 부모님에게는 세상에서 가장 견디기 힘든 소리일 수 있답니다.

도전

모든 사람이 똑같은 걸 볼까요?

그림을 5초 동안 보세요. 그런 다음 적어 보세요.
- 제일 먼저 본 것
- 가장 좋아한 것과 가장 좋아하지 않은 것
- 여러분의 기억

다른 친구들에게도 해 보라고 하세요.
그런 다음 비교해 보세요.
분명 친구들 모두 다르게 봤을 거예요.

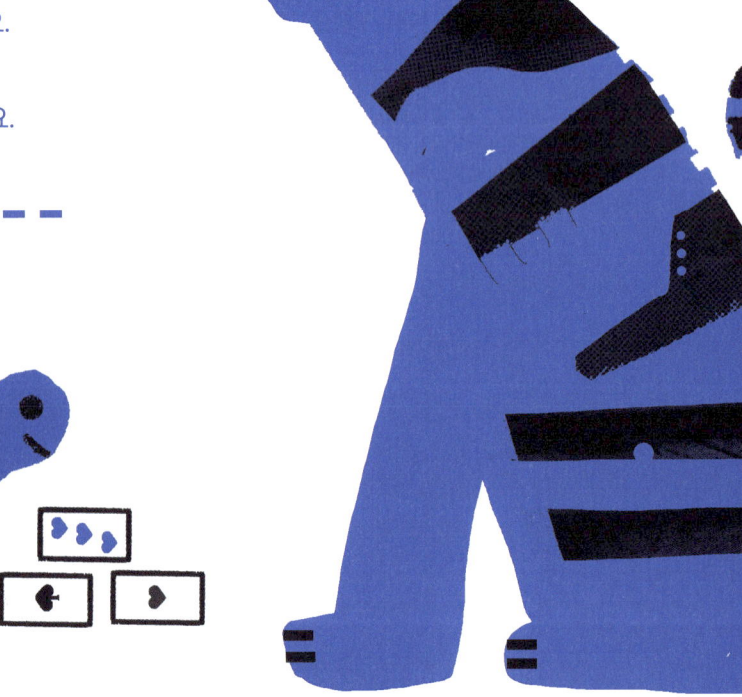

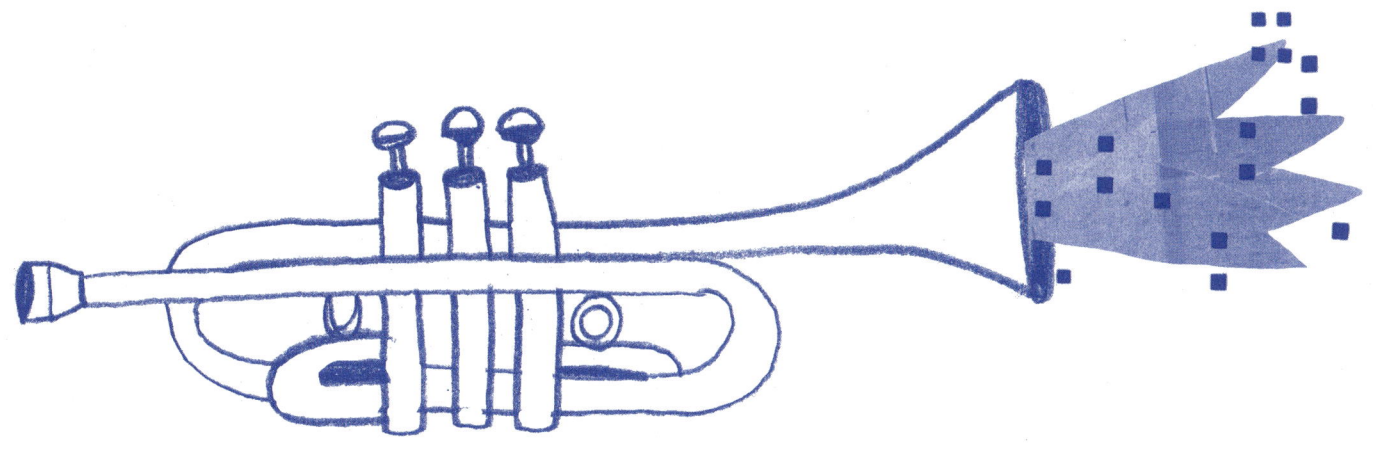

어떤 단어로 트럼펫 소리를 설명할 수 있나요?

이제 감각(색깔, 맛, 소리)을 어떻게 깨닫는지 말로 설명하는 게 아주 어렵지요?
외계인에게 다음과 같은 걸 설명해야 한다고 상상해 보세요.
▶ 오렌지 맛
▶ 녹색
▶ 트럼펫 소리

도전

감각은 정말 다섯 개인가요?

우리는 감각의 종류가 다섯 가지라고 배웠어요. 2,000년 전에 그리스 철학자 아리스토텔레스가 오감에 대해서 말한 것에서 비롯된 거예요. 그런데 우리에게는 오감 이외에 다른 감각도 있어요. 예를 들어 몸의 각 부분이 어디에 있고 어떻게 움직이는지 알려 주는 감각 또는 눈을 감아도 코를 긁거나 음식을 집어 먹을 수 있는 감각이 있는데, 이를 고유 수용 감각*이라고 해요. 또 온도, 습도, 통증 등을 알 수 있는 감각도 있는데 전문가들은 이 감각이 촉각과는 다르다고 해요.

***고유 수용 감각**   자기 신체 부위의 위치, 자세, 평형, 움직임(운동의 정도 및 방향)에 대한 정보를 파악해 중추 신경계로 전달하는 감각이에요.

우리 몸 밖에는 다른 현실들이 있어요

우리는 감각 기관을 통해 현실에 대한 경험을 얻어요. 사실 우리 몸 밖에는 감각 기관이 알지 못하는 많은 것이 있어요. 단지 감각이 그런 현실들을 알아차릴 수 있게 진화하지 않았을 뿐이지요. 그 때문에 동물들의 세계는 인간의 세계와 전혀 다를 수 있어요. 이러한 차이는 동물들이 좀 더 생존을 잘하도록 하기 위한 거예요.

동물들이 갖고 있는 감각의 놀라운 특성을 살펴볼까요? 누에는 11킬로미터 떨어진 곳에서도 친구 누에의 냄새를 맡을 수 있어요. 쥐는 수염을 사용해 주변의 물체를 느끼고 '볼' 수도 있어요. 박쥐와 돌고래는 물체를 감지하는 반향 정위* 능력 덕분에 위치를 확인하고 움직일 수 있어요.

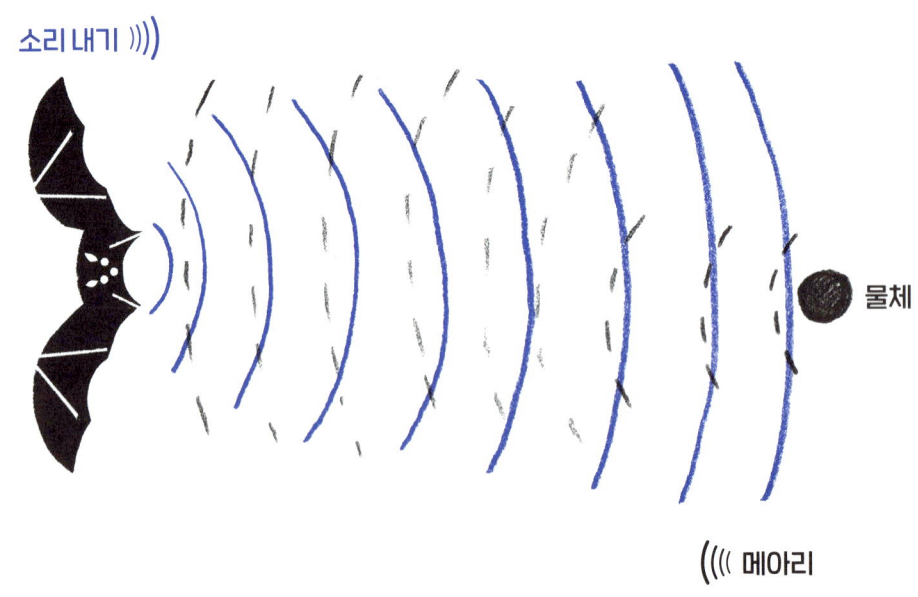

***반향 정위** 소리나 초음파를 내어 돌아오는 메아리 소리로 상대와 자기의 위치를 확인하는 방법이에요.

감각을 하나씩 살펴봐요

시각

우리는 "피질 영역의 3분의 1이 오로지 시각에만 사용된다!"라고 알고 있어요. 이건 중요한 정보지만 추가 설명이 필요해요. 뇌는 이미지의 크기, 색(최대 1,000만 개의 색까지 알아차릴 수 있어요), 모양, 움직임 또는 자세를 기록한답니다. 심지어 이 모든 일을 동시에 하기도 해요! 다른 감각들과 비교할 때 시각은 단지 좀 더 자세한 정보를 제공하는 감각이에요.

여러분의 눈❶이 무언가를 보거나 읽으면서 이미지를 포착할 때마다 시신경❷이 작동하여 뇌 뒷부분에 있는 시각 피질❹까지 정보를 전달해요. 그리고 정보를 전달할 때는 커다란 정보 센터인 시상❸을 지나가지요.

시각은 우리 머릿속에서 가장 긴 여행을 하는 감각이에요! 아마 목적지까지 가는 길에 알아야 할 게 너무 많아서일 거예요.

시각을 통한 정보는 마지막으로 시각 피질❹에서 우리 머릿속에 처리돼서 이미지가 만들어지지요. 우아! 바로 이거네요. 그러니까 우리가 보는 것은 뇌로 본다고도 할 수 있겠네요.

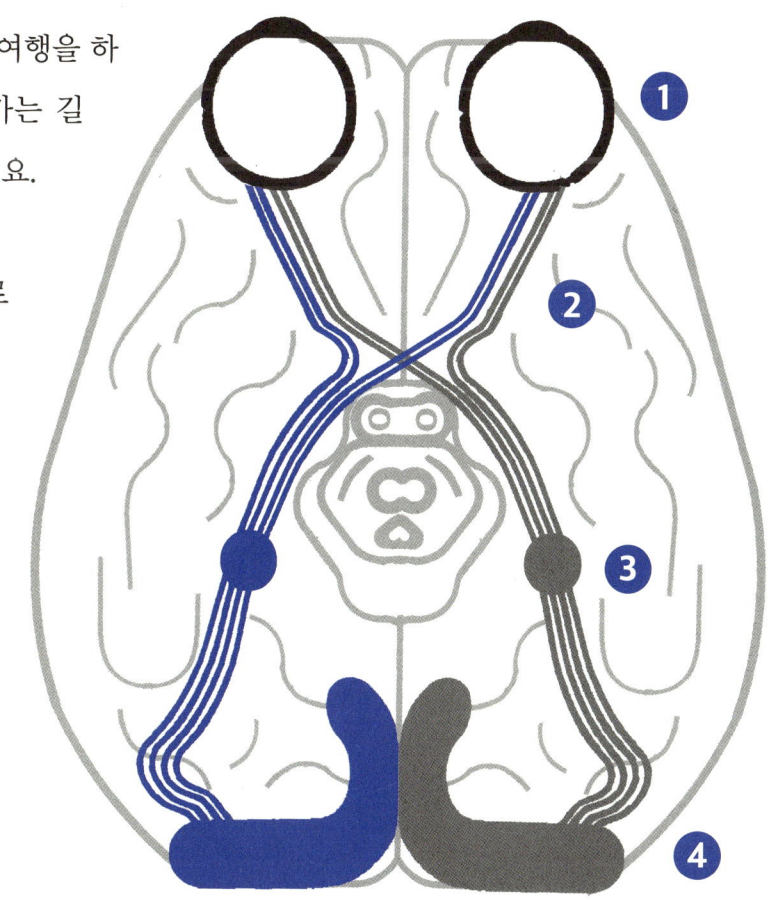

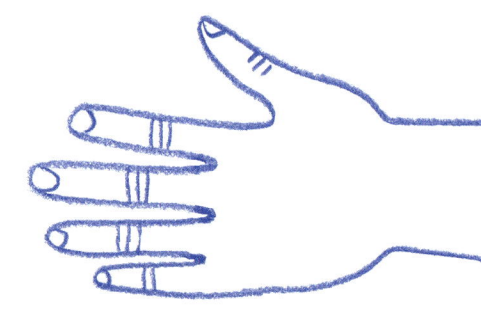

촉각

인간은 오래전부터 신체 접촉을 해 왔어요. 인류의 조상인 영장류를 보면 알 수 있지요. 영장류는 몸을 맞댐으로써 관계를 맺어요. 서로 몸단장을 해 주면서 의사소통을 하고 관심과 사랑을 전하며, 기분이 좋아지고 편안함을 느껴요. 인간에게 몸을 맞닿는 접촉의 중요성은 거기서 비롯됐는지도 몰라요.

촉각은 우리 몸 전체에서 느낄 수 있는 유일한 감각으로, 피부에 닿는 모든 것의 형태, 크기, 질감을 알 수 있게 해 줘요. 촉각은 또한 우리가 본능적으로 반응하도록 이끌어 주는 감각 중 하나예요. 자, 주목해 보세요. 여러분은 무언가를 만졌을 때 그것을 좋아하는지 싫어하는지 즉시 알 수 있어요.

손, 특히 손가락 그리고 입술과 눈은 몸의 다른 부분보다 더 많은 수용체*를 갖고 있어요. 그래서 접촉하거나 통증을 느끼는 것에 다른 부분보다 더 민감해요. 손가락에 난 작은 상처가 다리에 난 상처보다 훨씬 더 아프게 느껴지는 걸 알고 있었나요? 우연히 그런 게 아니에요. 우리가 더 많이 사용하고, 또 살아가는 데 중요한 부위여서 더 민감하게 느끼도록 함으로써 손을 보호하는 것이랍니다.

> 만약 신경 종말*수에 따라 신체 부위의 크기가 결정된다면
> 우리 모습은 오른쪽 그림 같을 거예요. 캐나다의 신경외과 의사
> 와일더 펜필드가 이렇게 표현한 이 그림을
> '펜필드의 호문쿨루스'*라고 불러요.

***수용체** 외부의 자극을 받아들이는 곳이에요.

***신경 종말** 신경 섬유의 끝부분이에요.

***펜필드의 호문쿨루스** 인간의 대뇌 피질을 중심으로 하는 감각 신경과 운동 신경이 각 신체 부위에 얼마큼 연관돼 있는지를 크기로 나타낸 모형이에요. '대뇌 피질 호문쿨루스'라고도 해요.

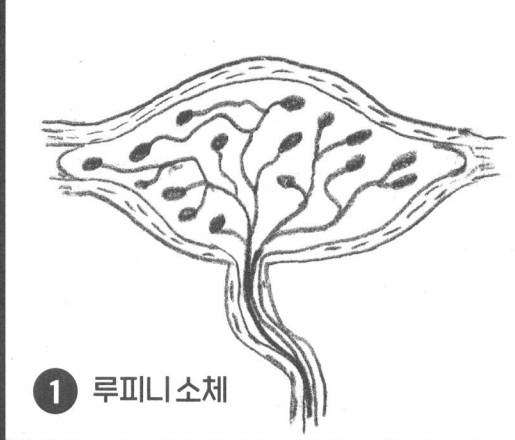

1 루피니 소체

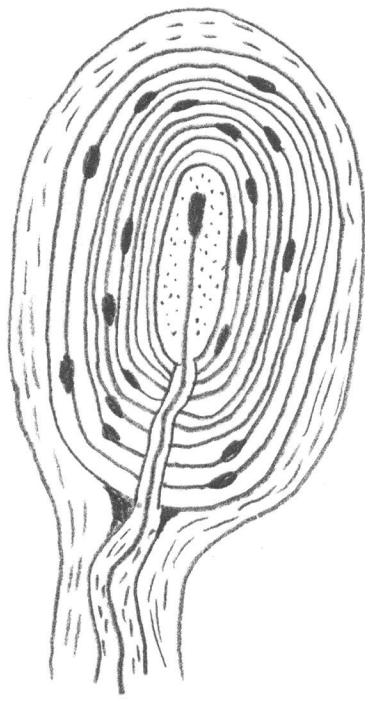

2 파치니 소체

3 자유 신경 종말

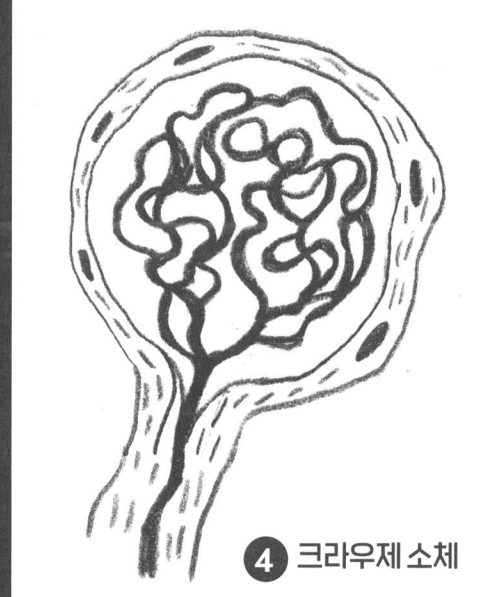

4 크라우제 소체

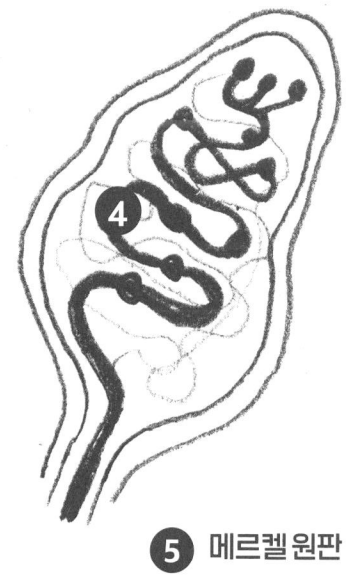

5 메르켈 원판

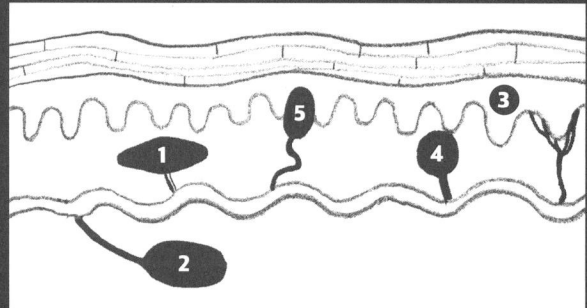

손가락 끝에 이렇게 다양한 감각 수용체가 있다는 걸 알고 있었나요? 피부 감각 수용체 중 루피니 소체 **1** 는 열, 파치니 소체 **2** 는 진동과 압력, 자유 신경 종말 **3** 은 통증, 크라우제 소체 **4** 는 추위, 메르켈 원판 **5** 은 촉각에 민감하게 반응해요.

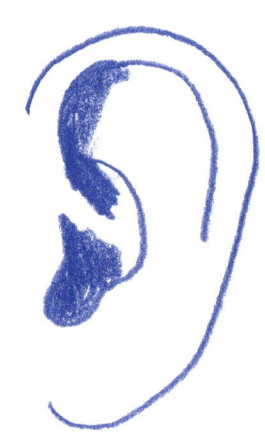

▶ 청각

소리는 귀에 들어갈 때 우리가 알고 있는 소리의 형태가 아니라 진동하는 공기로 들어가요. 이 진동하는 공기는 평균 시속 1,217킬로미터, 즉 비행기보다 빠른 속도로 들어가지요! 그리고 소리마다 다른 진동수*를 알아채는 아주 작은 섬모 세포가 진동을 전기 신호로 바꾸어 청각 신경으로 보내요.

귀 위에 자리 잡은 피질의 청각 시스템에서 뇌가 전기 자극을 소리(음악, 소음, 목소리 등)로 바꾸면서 이 소리가 높은지 낮은지, 날카로운지 묵직한지, 또 어느 쪽에서 왔는지를 알려 줘요. 우리가 두 개의 귀를 가지고 있는 것은 그 때문이지요. 우리가 소리의 위치를 알 수 있는 건 외이* 덕분이에요. 외이는 고막과 가운데귀를 보호하며, 고막에 소리를 전달해요.

아주 시끄러운 노랫소리와 구급차의 사이렌이 들려오는 방에서 우리는 어떻게 이야기하는 소리를 구별할 수 있을까요? 뇌는 음색과 주파수에 따라 소리를 분리하기 때문에 다른 소리 사이의 목소리 또는 노래와 섞일 때의 말, 즉 목소리를 구별할 수 있어요. 또 소란스러운 장소에 있을 때는 본능적으로 더 크게 말하도록 해 주는 자체 볼륨 조정 장치가 있어요.

***진동수** '주파수'라고도 하며, 전파나 음파가 1초 동안 진동하는 횟수예요.
***외이** 귓구멍 어귀에서부터 고막에 이르는 'S' 자 모양의 관이에요.

음파의 힘

소리로 공중에서 물체를 띄울 수 있다는 걸 알고 있나요? 마술에서 보여 주는 속임수 같은 게 아니에요. 특정한 지점의 음파를 특정 주파수로 교차시키면 공기 중의 작은 물체, 예를 들어 물방울, 나사, 3밀리미터의 나뭇조각 등을 지지하는 현수력*을 만들어 낼 수 있어요. 미래에는 소리를 이용해 더 큰 물체를 공중에 떠올릴 수 있을 거예요. 이미 스케이트보드를 이용한 실험이 이뤄지고 있어요.

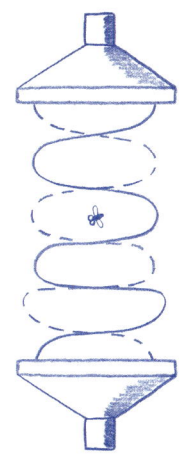

우주 공간 체험

우주에 가 보고 싶지 않나요? 이 실험을 한번 해 보세요. 지구 대기권을 넘어 진짜 우주로 갈 수는 없겠지만 여러분이 있는 공간이 조금 다르게 느껴질 거예요. 어쩌면 실험이 끝난 뒤에 우주에 갔다가 돌아온 것 같은 느낌을 받을지도 몰라요.

먼저 두 사람이 필요한데, 한 사람은 눈을 감고 다른 사람이 이끄는 대로 몸을 맡기세요. 다른 사람은 눈을 크게 뜨고 안내자 역할을 하는 거예요. 단, 두 사람 사이는 새끼손가락 끝만 닿은 상태를 유지해야 해요. 자, 이제 집중해 보세요. 눈을 감으면 무엇을 느낄 수 있나요?

도전

***현수력** 철봉에 매달린 상태에서 몸을 끌어 올리기 위해 팔을 굽힐 때 쓰는 힘 또는 매달리는 힘이에요.

▶ 후각

후각은 인간의 여느 능력과는 달리 진화 과정에서 퇴화한 것으로 여겨지고 있어요. 정말 그럴까요? 100년 전에는 인간이 1만 개의 냄새를 구분할 수 있다고 생각했지요. 그러나 최근 연구에 따르면, 우리는 최소 1조 개 이상의 냄새를 구별할 수 있어요. 아주 정밀한 코를 가진 거지요.

냄새는 코 안쪽 맨 위에 상피라고 부르는 우표 한 장 크기의 영역(후각 수용체가 있는 곳)에서 감지돼 뇌의 후각 전구 영역으로 전달돼요. 후각 전구는 기억과 연결된 영역에 가까워요. 그래서 우리는 어떤 냄새를 맡았을 때 과거의 경험을 쉽게 떠올릴 수 있어요. 과거에 겪은 경험과 잘 연결되는 감각 중 하나가 이 후각입니다.

도전

깊이 맡아 봐요.

여러분은 두 가지 다른 냄새가 섞일 때 그 냄새를 따로 구별할 수 있나요? 예를 들어 오렌지주스와 레몬주스를 정확히 같은 양으로 섞는 실험을 해 봐요. 두 주스를 잘 섞은 다음 냄새를 깊이 맡아 보세요. 두 냄새에 대한 기억이 떠오르나요?

어린 시절의 추억을 떠올려 보세요. 할머니 집에서 맡은 냄새가 떠오르지 않나요? 가끔 우리는 어떤 냄새를 슬쩍 맡는 것만으로도 추억의 장소로 순간 이동을 할 수 있어요. 비록 그곳이 300킬로미터나 떨어져 있고, 가는 데 9년이나 걸리는 먼 곳이라 해도요!

후각이 없으면 맛도 없어요

후각은 미각과 아주 밀접한 관련이 있어요. 음식을 씹는 동안 한번 코를 막아 보세요. 음식 냄새를 맡지 못하게 되면 맛도 더 이상 느끼지 못해요. 우리가 감기에 걸렸을 때 코가 막히면 음식 맛이 없다고 느끼는 것도 그 때문이지요.

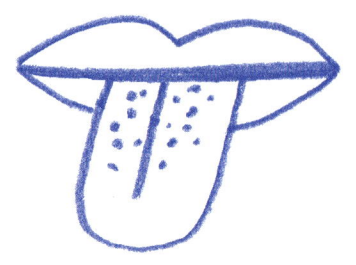

미각

　미각은 생존과 직접 연결돼 있어서 독이 있거나 상한 음식을 피하도록 경고하고, 특정한 음식을 먹어야 할 필요성을 우리에게 알려 주었어요.

　사람들이 달콤한 음식과 짠 음식을 좋아하는 건 우연이 아니에요. 단 음식과 짠 음식은 우리 몸에 필요한 탄수화물과 미네랄을 채워 주는 역할을 하거든요.

　우리 입안의 혀, 입천장, 목구멍에는 수천 개의 미뢰*가 존재하는데, 미뢰는 단맛, 쓴맛, 짠맛, 신맛 그리고 감칠맛을 지닌 화학 물질을 포착해요. 감칠맛은 우마미(umami)라고 하는데, 일본어로 '맛있는 맛'이라는 뜻이에요. 일본의 교수가 제5의 미각인 감칠맛을 발견한 데서 유래된 말이에요

감칠맛은 어떤 맛일까요?

　그런데 감칠맛은 정확히 어떤 맛이지요? 좋은 질문이네요. 감칠맛은 생선, 고기, 시금치, 버섯, 잘 익은 토마토 등에서 발견되는 천연 물질인 글루타메이트*를 기본으로 한 맛인데, 미뢰를 자극하여 음식 맛을 더 좋게 해 줘요. 어떤 사람들은 이 맛을 치킨 스톡* 같다고 표현하며, 입안에 침이 고이게 하고 아주 매끄러운 느낌을 남긴다고 해요.

***미뢰**　척추동물의 몸에서, 미각을 맡은 꽃봉오리 모양의 기관이에요.
***글루타메이트**　일부 식품에는 인공 글루타메이트가 들어 있어 지나치게 섭취하면 해로울 수 있어요.
***치킨 스톡**　닭고기 육수를 사각형이나 가루 형태로 만든 제품이에요.

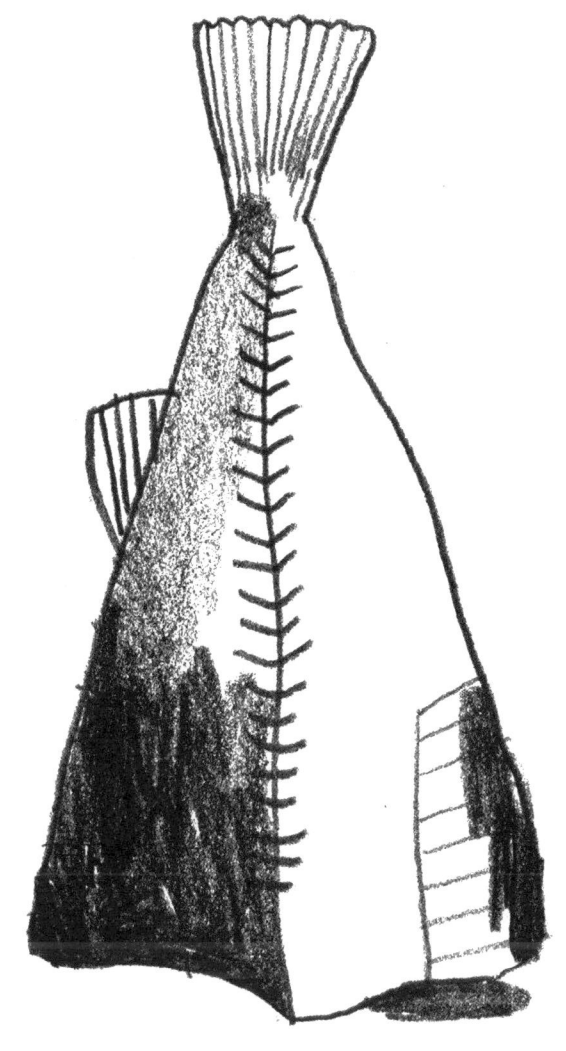

왜 누구는 짜고, 누구는 싱거울까요?

　같은 음식도 사람마다 다르게 느낄 수 있어요. 왜냐하면 개개인의 경험과 식사 환경이 서로 다르기 때문이지요. 각 나라의 식문화와 자기 가족의 식습관은 우리가 좋아하는 음식에 커다란 영향을 끼친답니다. 제일 처음 좋아하는 맛은 어머니의 자궁에서부터 시작돼요! 하지만 후천적인 교육을 통해서도 미각을 배울 수 있어요. 인간에게는 큰 이점이지요. 예를 들어 어머니가 해 주는 집밥이나 할머니가 만들어 주던 특별한 음식을 먹을 수 없는 먼 나라에서 살아도 별 어려움 없이 우리가 그곳의 음식에 적응해 살아갈 수 있게 해 주니까요.

여러분이 배우고, 경험하고, 느낀 것들은 여러분이 세상을 알아 가는 데 도움을 줘요.

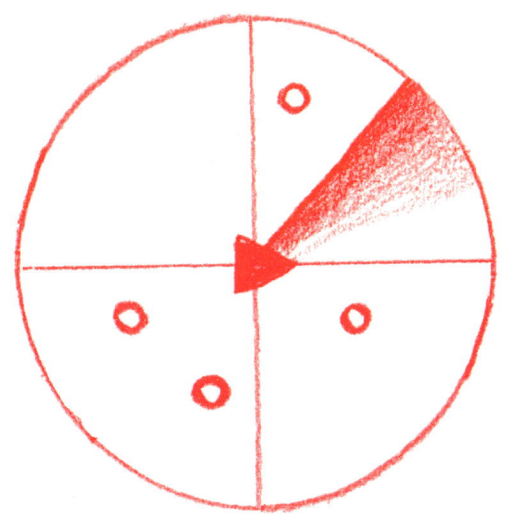

고유 수용 감각

우리 신체의 각 부위는 다른 신체 부위와의 거리나 둘러싸고 있는 부위에 따라 이름이 정해져요. 시각을 사용하지 않고 자신의 위치나 자세를 이해하는 능력을 고유 수용 감각이라고 부르는데, 우리 자신에 대한 인식을 의미해요. 고유 수용 감각은 일반 감각들과 달리 뇌 속에 이 감각을 담당하는 영역이 없고, 담당하는 신체 기관조차 없기 때문에 과학자들이 오랜 논의를 거친 뒤에 하나의 '감각'으로 구분하게 됐어요.

우리가 좁은 산길을 걸어갈 때 처음엔 발걸음을 조심조심 내디딜 거예요. 하지만 우리 다리와 발은 점차 좁은 산길을 걷는 데 적응하게 돼요. 왜 그럴까요? 근육, 힘줄, 인대, 관절(일부 과학자들은 피부도 포함시켜요)에 있는 신경 전달 물질이 우리의 자세와 우리가 움직이는 방식에 대한 정보를 알아차리거든요. 그래서 우리가 멈춰 있는지, 어떤 자세로 있는지, 어느 방향으로 가고 있는지 스스로의 움직임을 알 수 있게 해 주지요.

사실 고유 수용 감각은 본능적이에요. 우리가 어두운 계단을 내려가거나 깜깜한 곳에서도 손뼉을 칠 수 있는 것은 이 감각 덕분이에요. 바로 이런 이유 때문에 고유 수용 감각은 춤추는 사람들에게 꼭 필요하답니다!

도전

고유 수용 감각 한 번에 느끼기

고유 수용 감각이 어떤 것인지 더 잘 이해하려면 이런 실험을 해 보세요. 머리 위에 두 손을 올리고 집게손가락을 서로 맞닿게 해 보세요. 위를 쳐다볼 필요는 없어요. 어때요, 할 수 있나요?

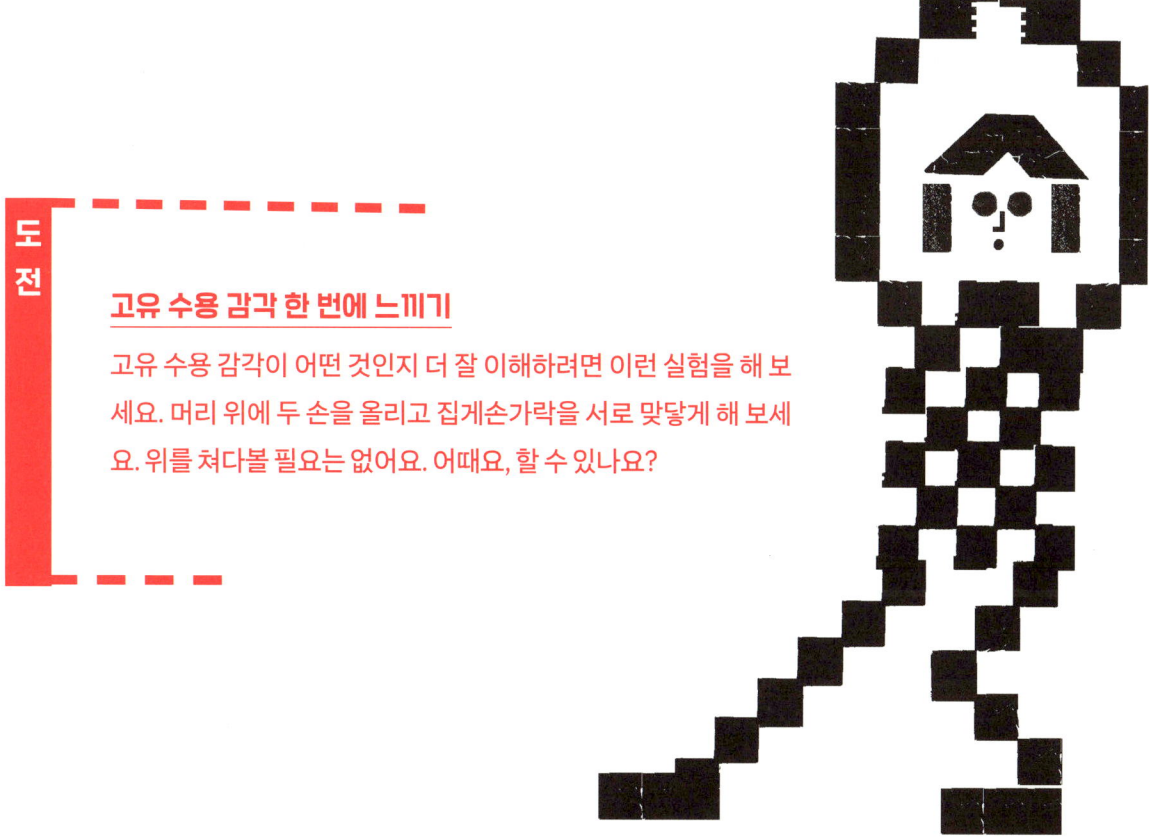

감각과 관련된 직업의 세계

여러분은 엘리베이터에서 다른 사람의 향수 냄새를 맡아 본 적이 있나요? 아니면 미묘한 카레 맛을 잘 느끼나요? 그렇다면 감각과 관련된 직업을 가질 수도 있을 거예요. 감각 전문가는 선택할 수 있는 직업이 많아요. 뛰어난 후각을 가지고 있다면 향수 제작자, 와인 소믈리에* 또는 아로마 세러피스트*가 될 수도 있지요. 미각이 예민하다면 요리사나 음식 평론가가 될 수도 있어요. 또 촉각이 발달했다면 섬유 디자이너가 될 수도 있어요.

***와인 소믈리에**　레스토랑에서 와인을 추천, 구매, 보관하는 일을 해요.

***아로마 세러피스트**　'향기'라는 뜻의 '아로마'와 '치료사'를 의미하는 '세러피스트'의 합성어로, '향기 치료사'라고도 불러요.

학습

뇌의 주요 임무:
배우고,
배우고,
또 배우기

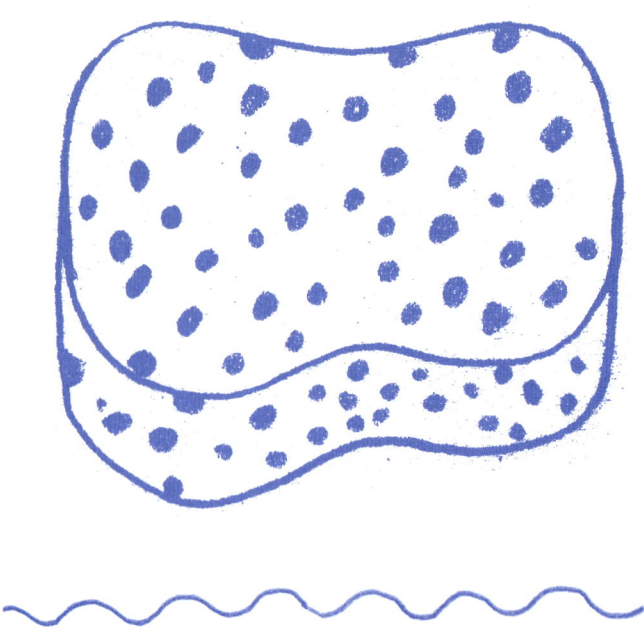

우리는 배운 걸 기억해요

다음 활동의 공통점은 무엇일까요?

a) 노래 흥얼거리기
b) 스크램블드에그 만들기
c) 직육면체의 면적 계산하기
d) 체스하기

이 질문에 할 수 있는 대답 중 하나는 이 모든 활동에 '학습'과 '암기'가 들어 있다는 거예요. 여기서 주의할 점은, 배우지 않고 그냥 암기한다는 의미의 '기억'이 아니라 몸짓, 추측, 단어를 우리 마음속에 깊이 새겨 둔다는 의미에서의 '기억'이에요. 이때의 기억은 여러분이 필요할 때 쉽게 찾아볼 수 있는 지식과 같은 거랍니다.

내가 의식하지 못해도 무언가를 하는 행동은 이 '기억'과 관련돼 있어요. 편지를 쓰거나 머리를 빗을 때 여러분은 어떻게 하는지 이미 갖고 있는 정보를 여러분의 기억에서 찾고 있어요. 그러면서 계속 행동을 배운답니다.

엄마는 배움에는 끝이 없다고 말씀하시지요

평생 배워야 한다니, 여러분은 끔찍할 거예요. 그런데 과학자들은 어머니의 말씀에 동의하지 않아요. 종종 배우지 않고도 저절로 알게 되는 것들이 있거든요. 모국어를 익히거나, 울고 웃는 것처럼 우리가 의식하지 않는 동안에도 뇌가 주변 환경의 자극을 처리하고 기억해요. 그래서 자연스럽게 학습이 일어나는 셈이지요. 이 책을 읽고 있는 여러분도 이렇게 늘 배우고 있답니다.

그런데 어떻게 배울까요?

무언가를 배울 때 뉴런 사이에서는 전기 충격이 반복해서 일어나요. 반복적인 전기 충격과 더불어 미엘린 층*이 두꺼워지면서 뉴런 사이의 시냅스, 즉 연결이 단단해져요.

학교 가는 길을 상상해 보면 쉽게 이해될 거예요. 자, 여러분은 지금 처음으로 학교에 가요. 그래서 조심스레 길을 좌우로 둘러보며 가고 있어요. 그리고 꽤 많은 시간이 흘렀어요. 여러분은 이제 학교 가는 길을 셀 수 없을 정도로 다녀서 눈을 감고도 갈 수 있게 됐어요. 이건 여러분의 학습 과정에 참여했던 뉴런들의 연결이 활성화됐기 때문에 일어나는 현상이에요. 뉴런 사이의 경로, 즉 집에서 학교까지의 경로가 뇌 속에 기록돼 있기 때문에 쉽게 길을 찾는 거예요. 말 그대로 뇌 속에 이미 저장돼 있답니다!

학습할 때는 기억에 보관돼 있는 것, 즉 암기된 것을 사용한다는 사실을 여러분은 이제 알겠지요? 학교 가는 길을 익힐 때 여러분은 자신이 알고 있는 것들을 많이 사용해요. 예를 들어 '왼쪽'과 '오른쪽'이 무엇을 뜻하는지 알고, 자동차 소리나 신호등 색깔을 활용하여 학교 가는 길을 배우지요. 따라서 학습할 때는 뉴런 사이에 새로운 연결, 즉 시냅스가 만들어져 이미 기억에 있는 다른 시냅스들도 활성화된답니다.

***미엘린 층** 시냅스를 보호하고, 전기 신호의 누출을 막아 뉴런 간의 통신을 더 빠르게 해 주는 지질 단백 층이에요.

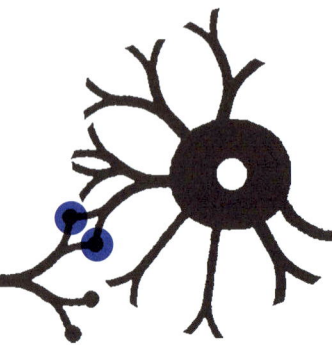

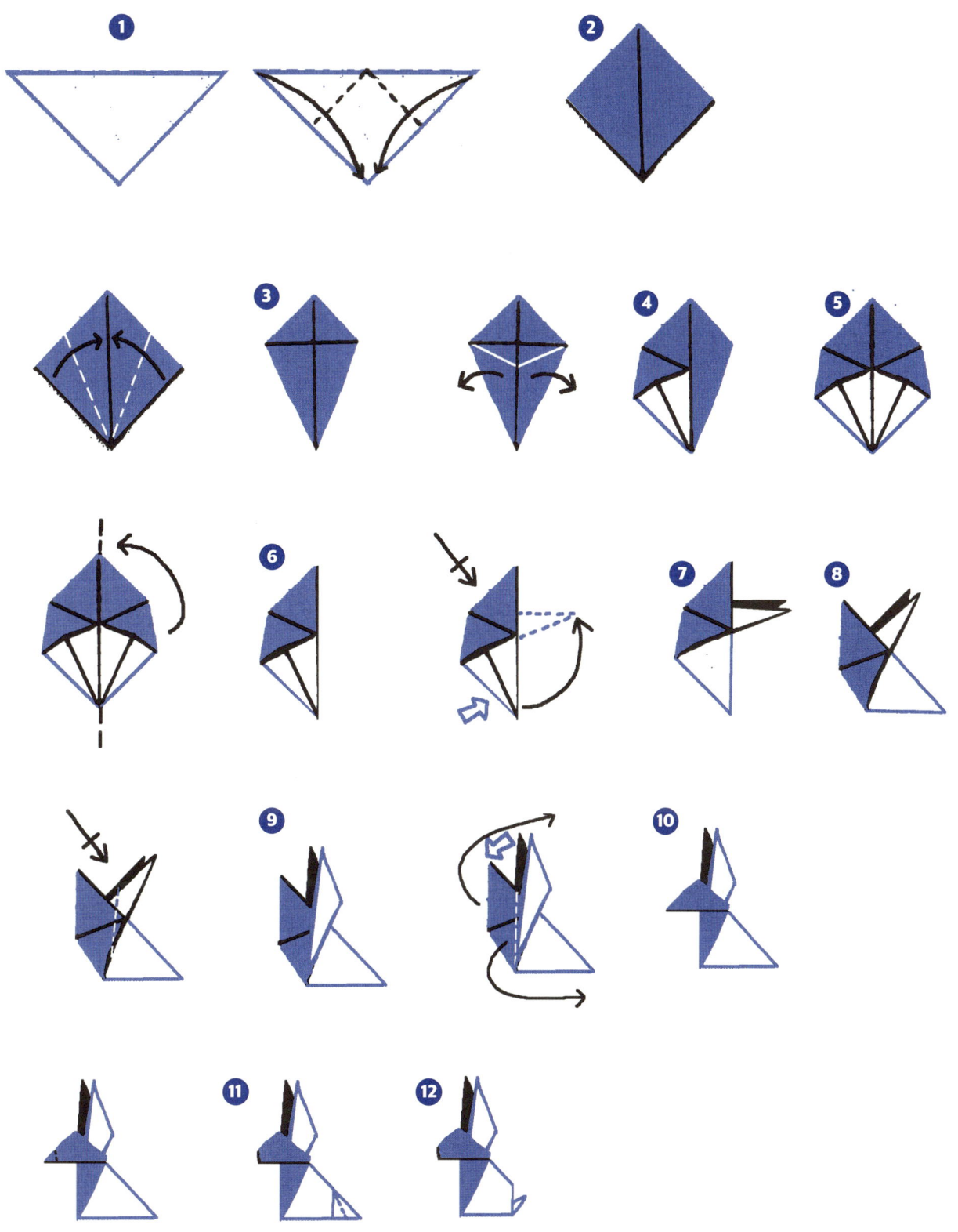

훈련은 여러분의 뉴런 연결망을 단단하게 만들어 준답니다.
여러분이 무언가를 잘하고 싶다면 계속 연습하세요.

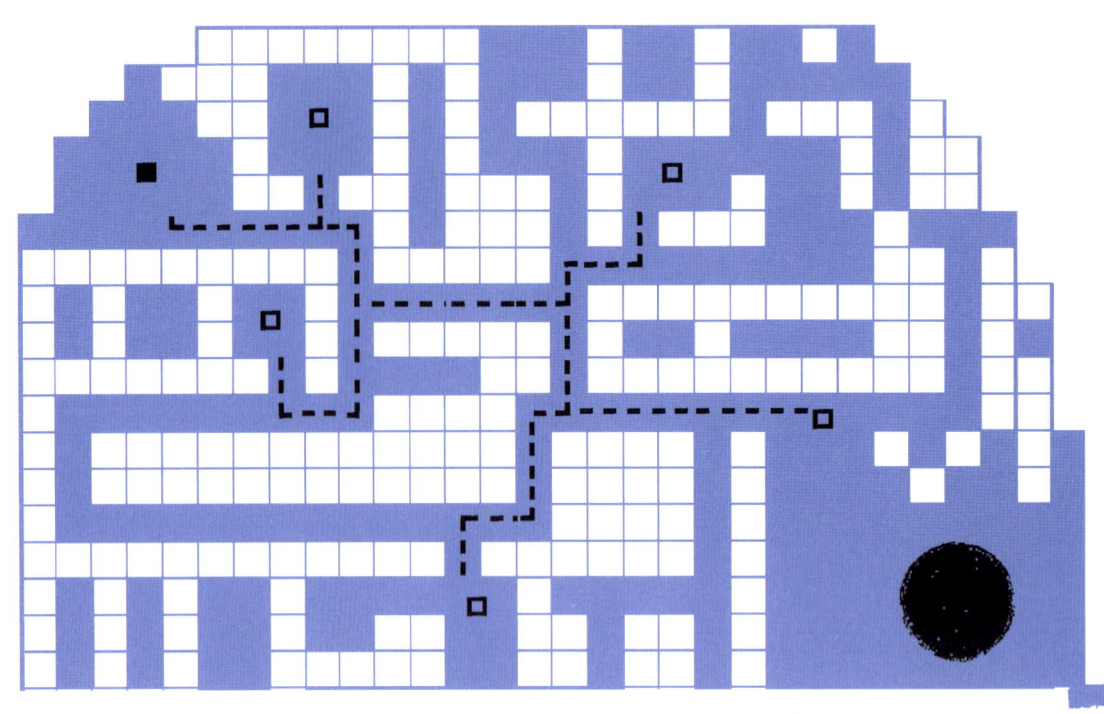

세상에서 가장 완벽한 지피에스

여러분은 집이나 학교에 갈 때 방향 감각에 의지해요. 방향 감각이 지도 역할을 해 주지요. 최근에 방향을 알려 주는 세포가 격자 세포와 장소 세포라고 알려졌어요. 머릿속에서 모눈종이를 상상해 보세요. 격자 세포가 모눈, 즉 격자무늬 형태로 지도를 만들고, 장소 세포는 이 지도에서 여러분의 위치를 알려 줘요. 그래서 내가 지금 어디에 있고, 어느 쪽에서 왔으며 어디로 향해 가는지를 알 수 있답니다.

이 세포들은 우리가 길을 외우거나 새로운 길을 배울 때마다 끊임없이 조정되는데, 진정한 감각 조정 지피에스(GPS)라고 할 수 있어요!

아빠는 놀면서 배우는 거라고 말씀하시지요

　나이와 상관없이 세상에서 가장 재미있는 건 노는 거예요. 그리고 우리는 '놀고 또 놀면서'도 많은 것을 배울 수 있어요! 이 사실을 확신하는 과학자들은 노는 것을 진지한 연구 주제로 삼았어요. 그럼 과학자들이 무엇을 발견했을까요?

　여러분이 노는 동안에는 많은 능력이 자극을 받아요. 앞에서 살펴본 것처럼 기억은 그렇게 자극을 받는 능력 중 하나이고, 학습의 기본이에요. 학교에서 쉬는 시간을 만든 이유가 무엇인지 생각해 봤나요? 그것은 머리와 몸을 조금 놀게 하려는 거예요. 머리를 쉬게 함으로써 보다 집중해서 더 잘 배울 수 있도록 우리 뇌를 충전하는 것이랍니다. 이 사실은 이미 입증됐어요. 술래잡기, 퍼즐 맞추기, 재미있는 얘기 하기 등 여러분이 선택한 놀이에 따라 다른 능력들도 향상시킬 수 있어요. 이런 놀이를 하면서 여러분은 스스로의 신체 능력을 알게 되고, 문제를 해결하고 언어 능력을 키우는 법을 배운답니다.

　이것 말고도 여러분이 놀면서 배우는 중요한 것이 또 있어요. 바로 감정을 조절하는 능력이에요. 그게 어떤 건지 여러분은 이미 눈치를 챘나요? 게임에서 이길 때는 누구나 좋아해요. 그러나 게임에서 지면 기분은 좋지 않지만 감정을 드러내지 않는 걸 배우게 되지요.

　또 배우는 것 자체가 놀이가 될 수도 있어요. 여러분 중에는 수학 계산을 하면서 게임 같다고 생각하거나, 다양한 목소리로 연극 대본을 읽으면서 노는 것 같다고 느껴 본 사람이 있을 거예요.

여러분의 행동 가운데 어떤 것은 무의식적으로 이뤄져요.
예를 들어 우리는 아무 생각 없이 샤워해요.
자동적으로 움직이기 때문에 뇌가 다른 작업을 할 수 있도록 해 주지요. 덕분에 우리는 머리를 감으면서 하루 일과를 계획할 수 있어요.

아기들은 늘 놀아요. 뭔가를 잡아당기고, 밀고, 열고, 닫으면서 공간과 물체를 이해하고 외부에서 답을 얻어요.

호기심이 공부하게 만들어요

우리는 태어날 때부터 호기심이 많아요. 말을 배울 때 우리는 '질문하기' 시작해요. 이건 우연한 일이 아니에요. 또 어떤 것에 호기심을 가질 때 우리는 훨씬 쉽게 배우지요.

예를 들어 여러분이 반딧불이에 빠졌다고 상상해 봐요. 그때 두 개의 기사를 보게 됐어요. 더 밝은 빛을 내는 새로운 반딧불이가 발견됐다는 기사와 미역을 번식하는 방법을 알려 주는 기사가 있다면, 여러분은 어떤 기사를 먼저 읽고 싶을까요?

　호기심은 우리가 그런 기사를 읽고 싶게 만들도록 자극을 줘요! 과학자들은 우리가 뭔가를 알고 싶어 할 때 뇌에서 어떤 일이 일어나는지 궁금했어요. 그래서 사람들을 모아 실험을 했어요. 실험 대상이 된 사람들에게 관심이 많은 주제와 관련된 질문을 하면 14초 안에 답이 나올 거라고 알려 주었어요.

　실험 결과, 답을 기다리는 동안 즐거움을 주는 뇌의 보상 시스템과 새로운 기억 영역 중 하나인 해마의 활동이 활발해진다는 사실을 알아냈어요. 아울러 보상 시스템과 해마 사이에 더 많은 소통이 이뤄진다는 게 밝혀졌어요. 이 실험으로 호기심을 가지면 즐거움을 느끼고, 더 잘 기억하게 된다는 걸 알 수 있어요.

호기심이 생기고 사라지는 한순간

　영화나 운동 경기를 보던 중에 갑자기 급한 일이 생겨 그 일을 처리하느라 어떻게 끝났는지 모르는 경우가 있을 거예요. 결말에 대한 호기심 때문에 여러분은 화가 났을 거예요.

　반대로 여러분이 읽고 싶은 책의 결말을 누군가가 미리 말해 준다면 어떤 기분이 들까요? 분명 읽고 싶은 마음이 사라지고 짜증이 날 거예요. 어쩌면 그 책에 대한 관심까지 시들해졌을지도 모르지요. 한순간에 내 호기심을 도둑맞은 거예요.

　이런 호기심이 많은 양의 도파민(즐거움을 느끼게 해 주는 신경 전달 물질)을 의미한다면, 미리 결말을 보여 주는 사람을 '즐거움 사냥꾼'이라고 부를 수도 있을 거예요.

질문

모든 질문에는 답이 있을까요?

호기심은 틀림없이 '네'라고 답할 거예요. 호기심은 모든 질문에는 답이 있다고 생각해요. 그렇지 않으면 호기심이라는 게 생기지 않을 테니까요.

이제 여러분의 호기심을 불러일으킬 만한 질문 목록을 만들어 보세요. 여러분은 답을 알 수 없는 질문이어야 해요. 그다음 이 질문에 대한 답을 아는 사람을 떠올려 봐요.

책에 답이 나와 있을까요? 아니면 인터넷이 답을 알려 줄까요? 그것도 아니면 누군가 답해 줄까요? 어쩌면 여러분 마음속 깊은 곳에 단서가 있을지도 몰라요.

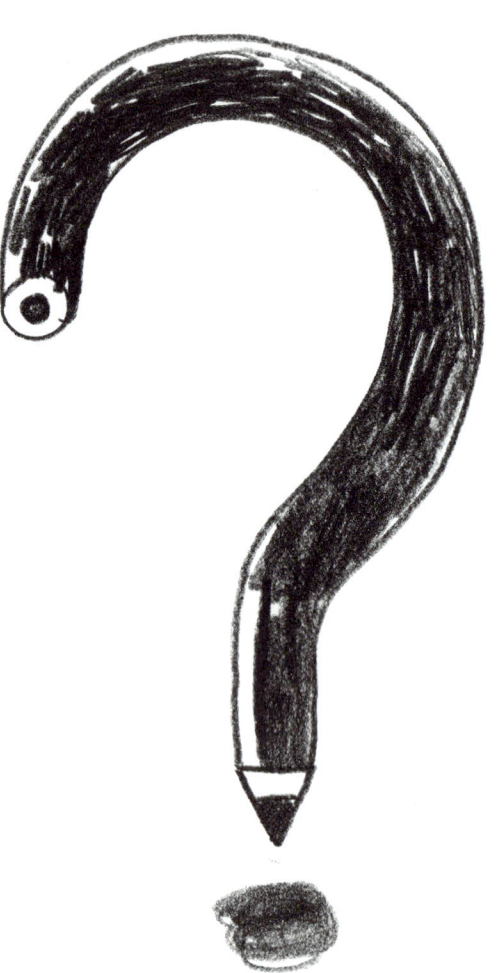

이미 다 배웠어요?

여러분의 뇌가 아주 정교한 도구 상자라고 생각해 봐요. 자전거 타기와 같은 새로운 기술을 배울 때, 뇌는 새로운 도구를 많이 사용할 거예요. 자전거 위에서 두 발을 페달에 올려놓고, 균형을 잡고, 두 눈은 앞을 보고, 두 손은 브레이크 잡을 준비를 하면서 지나다니는 차와 사람들에게 주의를 기울이는 등 여러 도구를 사용합니다. 동시에 새로운 도구를 많이 사용하기 때문에 처음에는 한적한 곳에서 배우는 게 좋아요! 자, 이렇게 매일 자전거 타기 연습을 열심히 했어요.

시간이 지날수록 뇌 안에서 뉴런 간의 연결이 지속되고 강해지면 결국 자전거를 탈 수 있게 돼요. 흥미로운 사실은 일단 자전거를 탈 줄 알고 나면 그 이후에는 더 이상 '자전거를 어떻게 타지?' 같은 생각을 하지 않고도 능숙하게 탈 수 있어요.

여러분의 뇌는 도전할수록 더 많이 배우게 돼요.
또 더 많이 배울수록 문제를 더 잘 해결할 수 있어요.

많이 생각할수록 많이 배울까요?

항상 그런 것은 아니에요. 생각이 학습을 방해하는 경우도 있답니다. 전두엽이 기하학 공식을 풀거나, 앞으로의 계획을 세우는 등 복잡한 일에 도움이 된다는 것은 이미 배웠지요. 그러나 좀 더 단순한 일을 배우려면 생각을 많이 하는 대신 그냥 아무 생각 없이 하는 게 더 좋아요.

잠자고 있는 게 더 좋아요

우리는 인생의 3분의 1을 외부 세계와 단절된 채 잠을 자면서 보내요. 그리고 잠을 잘 때는 아무 일도 하지 않고 시간을 보내는 것 같지만…… 전혀 그렇지 않아요. 우리가 잠의 신 모르페우스*의 팔에 안겨 자는 동안에도 뇌는 계속 활동하고 있어요.

***모르페우스** 그리스 신화에 나오는 꿈의 신이에요.

그러나 뇌가 무얼 하는지는 아직 잘 알려지지 않았어요. 이와 관련된 여러 이론 중 하나는, 뇌가 그날 하루에 일어난 일들을 퍼즐 조각처럼 모으고 있다는 거예요. 사실 우리는 가끔 잠을 자는 동안 현실에서 고민하던 문제를 해결하기도 하니까요! 여러분은 그런 경험을 해 본 적이 없나요?

뇌에는 두 가지 작동 상태가 있어요.

❭ '깨어 있는' 상태에서 우리의 감각은 늘 뇌에 정보를 보내요. 뇌는 우리 주변 세계를 느끼고, 경험하며, 적극적으로 배우고 있어요.
❭ '잠자는' 상태에서 우리의 감각들은 닫혀 있거나 잠자고 있어요. 이때 뇌는 깨어 있는 상태일 때 들어온 정보를 처리하고 정리한 뒤에 그 정보를 저장해요.

수면은 일종의 두뇌 청소 활동이라고 할 수 있어요. 여기저기 흩어져 있던 정보 그릇들이 기억 찬장에 하나하나 정리되고 쓸모없는 것들은 버려진답니다. 뇌는 들어오는 것을 모두 저장하지는 않아요. 그래서 정보들 가운데 쓸 수 있는 것은 저장하고, 필요 없는 것은 버리면서 청소하는 게 매우 중요해요.

여러분이 잠을 자지 않거나 조금밖에 자지 않는다면 뇌는 배운 내용을 검토하고 기억하는 데 많이 어려워해요. 그래서 시험 볼 때 뇌가 배운 내용을 확실하게 사용하려면 시험 전날 밤에 잠을 푹 자야 하는 거랍니다.

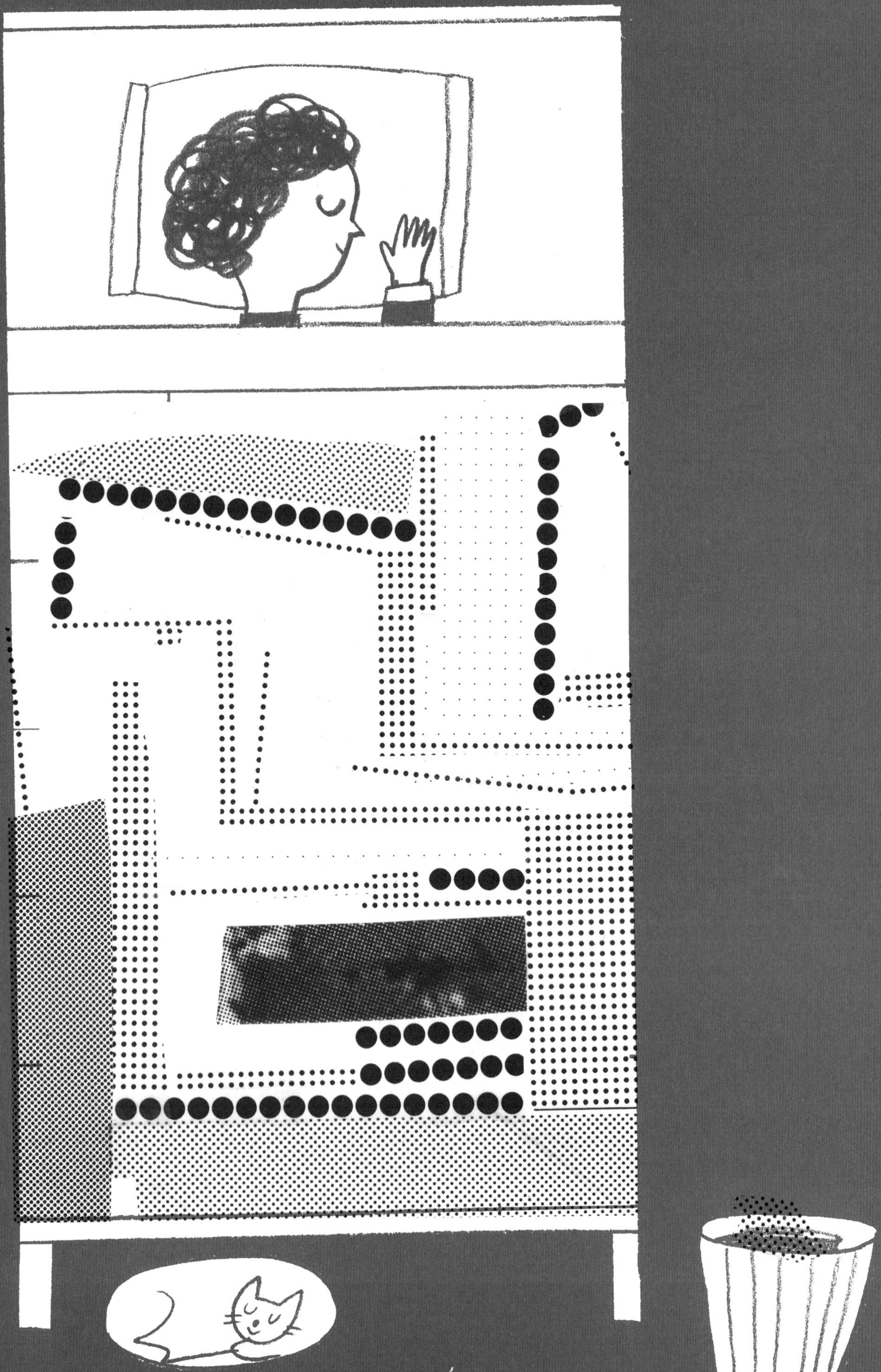

고래는 아주 실용적으로 잠을 자요. 잠잘 때 뇌의 절반은 휴식을 취하지만 나머지 절반은 깨어 있는 상태를 유지하지요. 이런 수면 방법 덕분에 바닷속에서 자고 있을 때에도 숨을 쉬기 위해 수면 위로 올라오거나, 주위에서 다른 동물이 다가오지는 않는지 살필 수 있어요. 이렇게 고래가 휴식을 취하는 방법은 우리에게도 도움이 될 거예요!

(고래는 포유류라서 폐로 호흡해요. 하지만 사람처럼 자면서도 무의식적으로 호흡하지는 않아요. 바닷속에서 숨을 참고, 수면 위에서 숨을 쉬려면 뇌가 의식하고 있어야 해요. 그렇지 않으면 호흡에 문제가 생겨 죽는답니다.)

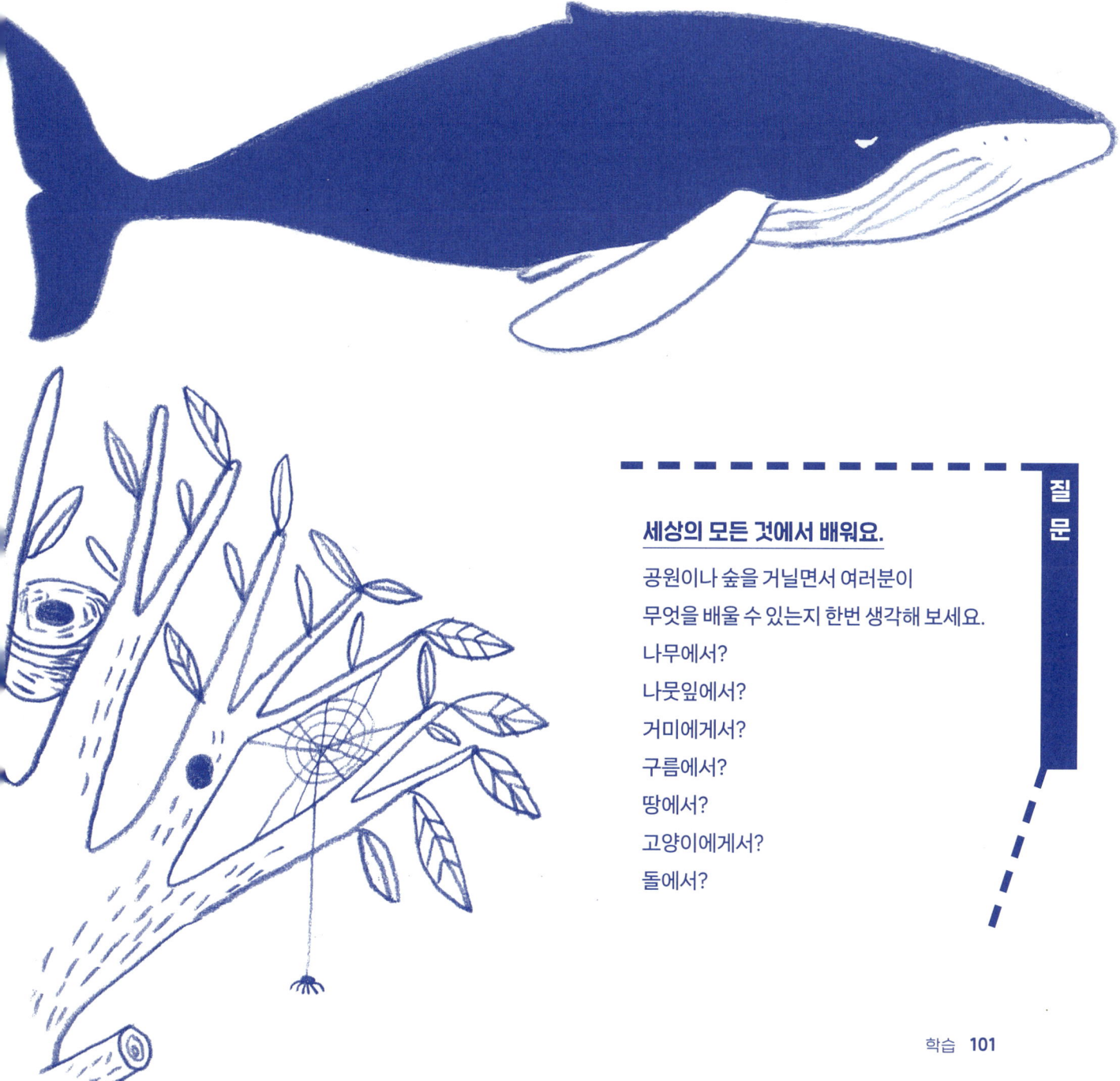

질문

세상의 모든 것에서 배워요.

공원이나 숲을 거닐면서 여러분이
무엇을 배울 수 있는지 한번 생각해 보세요.
나무에서?
나뭇잎에서?
거미에게서?
구름에서?
땅에서?
고양이에게서?
돌에서?

학습 101

뇌가 언어를 배워요

　뇌의 학습 능력 중에서 가장 놀라운 건 언어를 배우는 능력이에요. 말을 배우려면 말하는 사람들과 함께 있는 게 가장 기본이라는 사실은 잘 알려져 있어요. 언어, 즉 말을 배우는 학습은 태어나서 대략 여덟 살까지는 이뤄져야 해요. 그렇지 않으면 뇌는 언어 전용 영역을 사용하는 방법을 알지 못한다고 해요. 그리고 모든 게 그렇듯이 학습을 활발하게 하려면 자극이 필요해요. 뇌의 왼쪽 절반은 언어 전문가예요. 다음은 언어를 듣고 말하는 과정이에요.

1. 친구가 질문해요 A.
2. 질문을 들어요. 그리고 언어를 듣는 뇌의 영역을 활성화해요 B.
3. 질문을 이해해요. 그리고 언어를 이해하는 영역을 활성화해요 C.
4. 답을 생각해요 D. 그리고 말을 담당하는 영역을 활성화해요 E.
5. 대답해요 F.

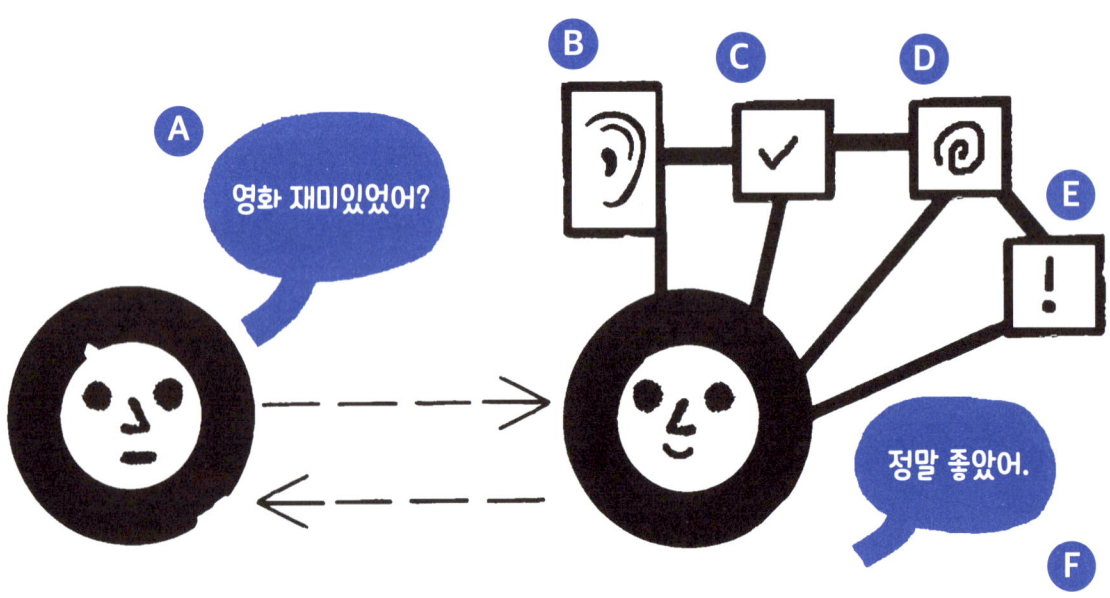

도전

보고 읽으세요.

아래 글자들을 가지고 2분 이내에 최대한 많은 단어를 만들어 보세요.
단어를 만들 때 모든 글자를 다 사용할 필요는 없어요.

가, 나, 다, 라

여러분은 몇 개나 만들었나요? 70개가 넘는 단어를 찾은 사람도 있대요.
물론 2분 이상 걸렸지만요.

뇌의 읽기 능력

읽기는 뇌가 하는 복잡한 작업 중 하나예요. 과학자들은 읽기가 뇌의 열일곱 개 영역과 관련돼 있다는 사실을 밝혀냈어요! 그중 몇 가지를 살펴볼까요?

> **시각:** 문자인 기호를 해독하는 감각(시각 장애인의 경우에는 점자를 느끼는 촉각)이에요.
> **청각:** 문자, 음절마다 그와 관련된 소리가 있어요.
> **기억:** 각 단어와 연관된 의미를 생각하게 해요.
> **논리:** 문장에 의미를 부여하는 능력이에요.

그러나 뇌가 '읽기'를 배우면 여러분은 별다른 노력 없이 책을 읽을 수 있고, 여러분 머릿속에서 온갖 놀라운 일이 일어날 거예요. 그러니까 책을 읽을 때 여러분은 다른 세계, 다른 사람의 머릿속으로 들어가는 거예요. 그리고 다른 세계와 다른 사람에 대해 배우는 것이기도 해요. 책 읽기는 작가는 물론이고 작가가 만든 인물들의 머릿속에도 들어가는 것이라고 할 수 있으니까요. 또 여러분은 새로운 지식의 문도 열게 돼요. 바로 여러분이 이 책을 읽을 때처럼 말이지요.

기억

우리는 과거에 대한 기억 때문에
미래를 상상해요. 우리는 지난 방학에 대한
추억 때문에 또 다른 휴가를 꿈꿔요.

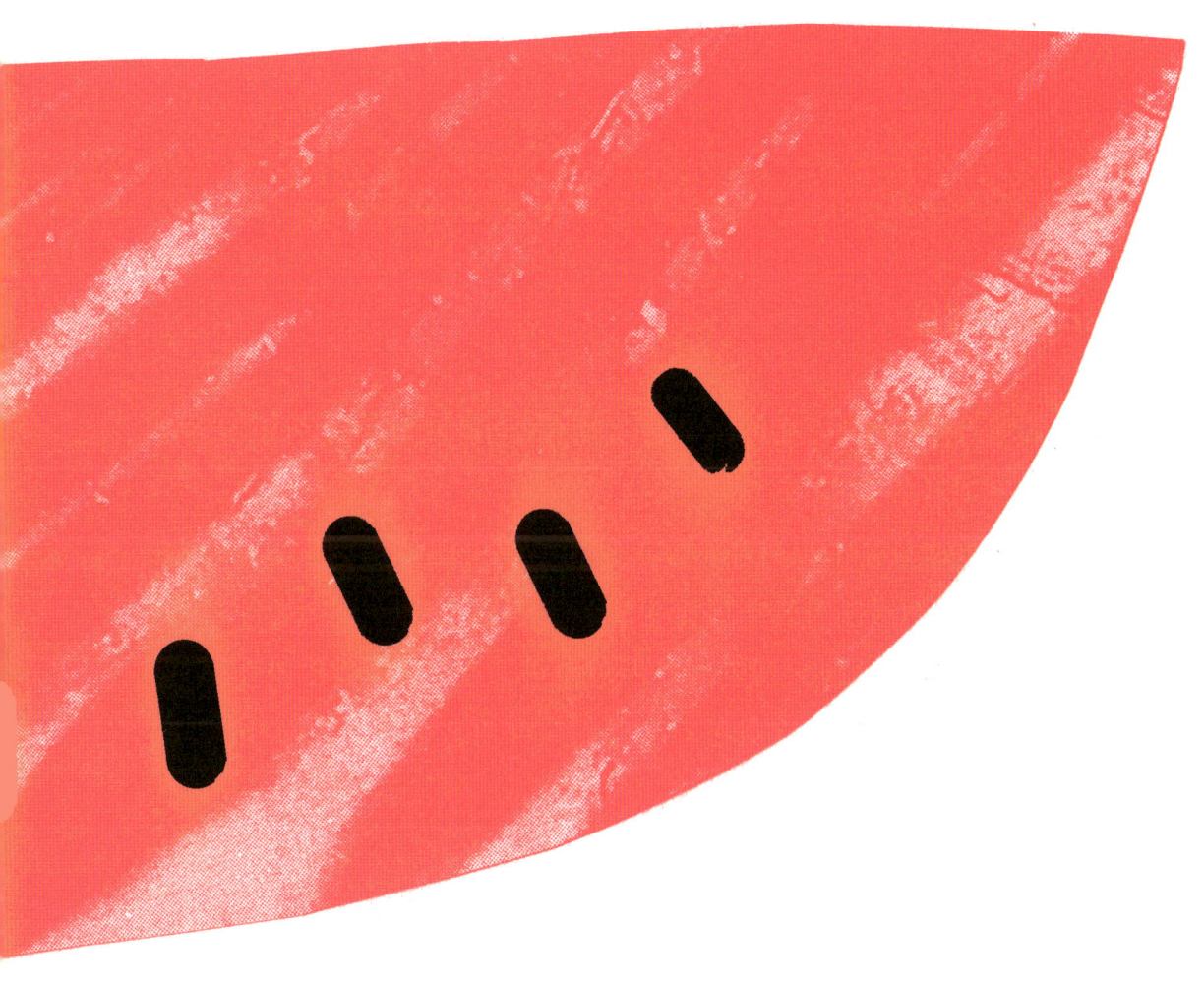

기억이 여러분이에요

여러분은 바로 여러분이 이제까지 배운 모든 것의 종합이라고 할 수 있어요. 또 여러분이 기억하는 모든 것의 종합이기도 해요.

누군가 여러분이 어떤 사람이고, 어디에 살고 있으며, 무엇을 하는지 물었다고 해요. 여러분은 대답할 때, 즉 여러분 자신에 대한 정보를 그 사람에게 줄 때 기존의 기억을 사용해요. 또 저녁에 무엇을 먹을지, 방학 동안 무엇을 하고 싶은지와 같은 가깝거나 먼 미래의 계획을 세울 때도 여러분은 원하든 원치 않든 이미 알고 있는 기억을 사용해요.

여러분의 겉모습과 유전자만 세상에 단 하나뿐인 것은 아니에요. 여러분이 가진 기억도 단 하나뿐이어서 여러분을 지구상의 유일한 존재로 만들어 줘요. 그 때문에 만약 알츠하이머병* 환자가 돼서 기억을 잃는다면 무척 슬플 거예요. 그래서 과학자들은 기억과 관련된 연구에 많은 관심을 기울이고 있어요.

---

* **알츠하이머병** 치매 증상을 보이는 점진적인 퇴행성 뇌 질환이에요.

노래나 여행 또는 사람들과 나눈 대화가 기억으로 바뀔 때 무슨 일이 일어날까요? 과학자들은 기억에 문제가 있는 환자들과 민달팽이를 대상으로 다양한 연구를 했어요. 그리고 경험이 오래 기억되려면 뉴런이 서로 간에 통신을 반복적으로 해서 견고한 시냅스를 만들어야 한다는 결론을 내렸어요.

여기서 여러분은 "그런데 그건 앞에서 배운 학습이 이뤄지는 과정 아닌가요?"라고 물을 수도 있어요. 맞아요. 학습과 기억은 아주 비슷하기 때문이에요. 우리가 더 많은 정보를 배울수록 더 많이 기억하게 되지요. 그러면 정보는 확실해져서 변하지 않게 된답니다.

우리가 민달팽이와 비슷할까요?

2000년 노벨 의학상을 받은 미국의 신경 생리학자 에릭 캔들 박사는 학습과 기억이 어떻게 작동하는지 밝혀내기 위해 바다 민달팽이의 뇌를 연구했어요. 바다 민달팽이는 우리 인간처럼 경험을 통해 배운답니다. 예를 들어 손이 불 가까이 가면 자연스레 불을 멀리하듯 민달팽이 역시 우리가 만지면 몸의 특정 부위를 움츠려요. 그러나 계속해서 만지면 민달팽이는 더 이상 강하게 반응하지 않아요. 바로 경험을 통해 문제 될 게 없다고 배운 거지요. 이렇게 학습한 후의 민달팽이가 보여 주는 반응을 통해 시냅스 연결이 어떻게 변화하는지 알 수 있어요.

한 장면처럼 떠오르는 기억

얼마 전까지도 기억은 마치 사진사가 경험이나 상황을 찍은 사진을 커다란 서랍에 보관하는 것과 같다고 생각했어요. 그 서랍에는 셀 수 없을 정도로 많은 사진이 들어 있고, 기억한다는 것은 사진을 찍었던 그때 그대로의 상태를 회복하는 과정일 거예요. 하지만 과학자들은 이 과정이 알려진 것보다 훨씬 더 복잡하다고 말해요. 왜냐하면 우리의 기억은 우리에게 일어난 일을 정확히 찍은 사진이 아니기 때문이에요.

사실 기억은 단순히 사진 한 장이 아니에요. 한 장의 사진을 여러 조각으로 찢어 여러 감각의 서랍에 넣어 놓은 것이지요. 그리고 우리가 무언가에 대한 기억을 떠올릴 때 뇌는 청각, 시각 등 다른 감각의 서랍에 보관돼 있던 조각들을 가져와 사진으로 재구성하는 거예요.

　따라서 기억은 실제로는 여러 장소에, 그리고 동시에 저장되는 거예요. 하지만 기억 조각들은 한 장의 완벽한 사진을 만들기엔 늘 부족해요. 예를 들어 여러분이 할머니의 도움을 받아 처음으로 케이크를 만들었던 날을 떠올려 보세요. 초콜릿 케이크를 만들다 옷에 초콜릿을 묻혔기 때문에 그날 흰 스웨터를 입었다는 게 또렷이 기억날 거예요. 하지만 어떤 색의 바지를 입었는지, 그때 할머니가 감기에 걸렸는지 등은 아마 잘 기억나지 않을 거예요.

　기억이 우리에게 가져다주는 감정은 나이나 시간에 따라 달라져요. 예를 들어 케이크를 만들기 위해 달걀의 흰자와 노른자를 나누고 있을 때 할머니가 "조심해야 돼."라고 말했는데, 지금 할머니가 살아 계신지 아니면 돌아가셨는지에 따라 여러분에게 그 말은 다르게 느껴질 수 있어요.

기억은 오랫동안 사귄 뉴런들이에요. 그래서 만날 때마다 파티를 연답니다!

기억은 어떻게 형성될까요?

기억하는 데에는 다음과 같은 여러 단계가 있어요.

1. 코드화

뇌는 감각(소리, 냄새 등)을 통해 들어오는 정보를 코드로 바꾸는데, 기억으로 저장되는 것이 바로 이 코드예요.

2. 과정

코드 형태의 정보는 해마로 옮겨 가요. 해마는 뇌의 깊숙한 곳에 있어요. 해마는 새로 들어온 정보를 기존에 있던 정보와 비교하거나 연관성(A는 B처럼 보이고, C를 떠올리게 해요)이 있는지 없는지를 밝히고, 데이터를 처리하고 분류하는 센터예요. 그래서 해마는 데이터 상호 비교 전문가이고, '새로운 것인가? 흥미로운가? 예상 밖의 것인가?' 등 다양한 기준에 따라 기억을 짧은 기간 보존해야 될지 오랫동안 보존해야 될지를 결정해요.

3. 저장

단기적인 기억, 즉 짧게 보존될 기억은 새로운 정보가 들어오면 비워 버려요. 마치 임시 저장소에 보관하는 것과 같지요. 예를 들면 주소를 종이에 적지 않고 외울 때처럼요. 하지만 장기적인 기억, 즉 오랫동안 보관하는 기억은 단기적 기억과는 그 저장 과정이 달라요. 장기적인 기억은 피질에 정보가 저장되고 머리에 영구적으로 자리 잡게 된답니다. 왜냐하면 장기적인 기억을 가지려면 기억을 자주 떠올리면서 기억하고 있는 행동을 규칙적으로 반복해야 하기 때문이에요. 이렇게 기억이 반복되면 뉴런 사이에 형성된 연결이 더 강해지고 견고해져요!

4. 복구

장기적인 기억은 의식적이든 무의식적이든 여러분이 그 기억을 떠올리기 전까지 피질(청각 피질의 소리, 시각 피질의 이미지 등)에 저장돼 있어요. 그러다가 여러분이 그 기억을 떠올릴 때, 각 피질에 저장돼 있는 각각의 기억들을 다시 합쳐서 하나의 기억으로 재구성하지요. 이렇게 재구성하기 때문에 우리는 과거의 경험과 똑같은 사본을 가질 수 없어요.

질문

가장 오래된 기억을 떠올려 보세요.
친구들의 생일, 전화번호, 주소, 외워서 알고 있는 수학 공식, 여러분의 물건이 보관돼 있는 곳······.

기억을 다스리는 해마와 편도체

기억은 항상 해마❶와 편도체*❷의 문을 두드리는데, 해마에서는 어떤 일이 생긴 공간과 일어난 시간을 확인하고, 편도체에서는 여러분이 느낀 감정을 알아차려요.

***편도체** 모양이 아몬드처럼 생겨서 그리스어 'almond(편도)'에서 유래했어요. 감정, 특별히 공포와 공격성을 처리하는 핵심적인 뇌 구조로 알려져 있답니다.

무슨 기억을 보관할지는 어떻게 알지요?

수많은 경험이 기억되기 위해 경쟁을 해요! 예를 들어 바닷가에서 본 오후의 풍경을 한번 생각해 보세요. 친구들과 바닷속으로 뛰어들기, 물속에서 소리 지르기, 그 뒤에 먹는 아이스크림의 맛……. 이렇게 풍부하고 감각적인 경험들 중에 뇌는 무엇을 보관할지 선택해요.

그렇다면 무엇을 보관할지 뇌는 어떻게 고르나요? 라고 물어볼 수 있겠지요. 이러한 선택에는 감정이 매우 중요한 역할을 한다고 알려져 있어요. 다시 말해 여러분이 겪은 경험 가운데 평소보다 더 강한 감정을 느꼈을 때 기억될 가능성이 더 커요. 예를 들면 해변에서의 특별한 생일 파티나, 그 파티에 오랫동안 보지 못한 친구가 나타나 깜

짝 놀랐던 경험 같은 거예요. 또 신기하게 해안으로 밀려온 돌고래를 보았거나, 해변의 비치 타월과 파라솔을 거대한 파도가 휩쓸고 간 끔찍한 경험도 그런 예 중 하나지요. 이런 경험을 했을 때 뇌가 '지속적인 기억'이라는 '도장'을 찍어요. 이때 기억의 감정을 담당하는 편도체가 도움을 줘요.

기억은 현재 속의 과거예요.
기억은 지금의 내가 더 잘 행동하도록 도와줘요.

몸에 감각이 없어도 생각할 수는 있어요

프랑스의 언론인 장 도미니크 보비는 기억이 바로 우리 자신이라는 사실을 증명했어요. 도미니크는 1995년에 불의의 사고를 당해 온몸이 마비되고, 왼쪽 눈꺼풀만 겨우 움직일 수 있었어요. 하지만 생각하고 기억할 수는 있었지요. 그는 비록 말로 의사소통은 할 수 없었지만 프랑스어 전문가의 도움을 받아 회고록을 쓰기로 했어요. 먼저 전문가가 알파벳을 하나하나 읽어 주면, 그 알파벳이 맞는다고 생각할 때마다 눈을 깜박이겠다고 했어요. 이렇게 단어 하나하나, 문장 하나하나를 만들어 가며 회고록을 완성했어요. 그게 『잠수종과 나비』라는 책이에요. 몸이 무언가에 갇혀 있다는 의미에서 '잠수종'을, 신체에서 유일하게 움직일 수 있는 왼쪽 눈의 깜박임에서 떠올린 '나비', 이 두 단어를 회고록 제목으로 정했어요.

도전

단어가 여러분 대신 말해 줘요.

여러분이 누군지 알려 주는 단어 다섯 개를 골라 보세요.
단어가 마음에 들지 않는다면 여러분을 설명해 주는 노래로 대신해 보세요. 그것도 어렵다면 춤을 춰 봐요. 여러분의 몸은 여러분도 모르는 방식으로 자신이 누군지 말해 줄 거예요. 이 도전은 여러분 스스로가 어떤 사람인지에 대한 기억이 없다면 불가능할 거예요!

이미 알고 있는 사람에 반응하는 뉴런

뇌 속의 뉴런 중에는 우리가 이미 알고 있는 사람의 이미지에 반응하는 뉴런이 있어요. 이 사실은 한 실험에서 우연히 발견됐어요. 실험 참가자가 제니퍼 애니스턴이란 미국의 여배우 얼굴을 봤을 때(심지어 그녀의 이름을 듣거나 읽을 때에도) 그의 뉴런이 매우 활성화됐어요! 다른 유명한 사람들의 사진을 봤을 때도 그런 반응이 나타났기 때문에 알고 있는 사람의 얼굴에 반응하는 뉴런이 존재한다는 결론을 내렸어요. 그리고 이 뉴런은 '제니퍼 애니스턴 뉴런'으로 알려졌어요.

이제 여러분 머릿속에는 여러분이 알고 있는 사람 모두에게 각각 반응하는 뉴런이 있다는 걸 알게 됐어요. 그러니까 할아버지나 할머니처럼 익숙한 사람에게 반응하는 뉴런도 가지고 있답니다.

기억이 저절로 떠올랐어요

마치 기억이 스스로 의지가 있는 것처럼 내가 기억하지 않았는데 무언가 머릿속에 떠오른 적이 있나요? 또 내가 이미 알고 있는 줄 전혀 몰랐는데 기억이 떠오른 적이 있나요?

이런 현상이 일어나는 건 기억들이 항상 함께 작동하기 때문이에요. 또 냄새, 노래, 사진, 목소리같이 매우 다양한 형태의 자극을 통해서도 기억에 접근할 수 있기 때문이기도 해요.

프랑스 작가 마르셀 프루스트는 머릿속에 잠들어 있던 어린 시절의 기억을 일깨우는 데 '과자 조각이 빠진 차'를 맛보는 것만으로도 충분했어요.

프루스트의 추억

마르셀 프루스트의 어린 시절 기억은 과학자들에게 감각과 기억 사이에 존재하는 관계에 대한 중요한 단서를 제공했어요.

프루스트는 어느 날 마들렌을 홍차에 적셔 먹었을 때 갑자기 '큰 기쁨'이 밀려오는 걸 느꼈어요. 프루스트는 이 갑작스러운 기쁨의 원인이 무엇인지 궁금했는데, 마들렌 한 조각이 들어간 홍차 맛이 어린 시절 일요일 아침에 레오니 이모의 집에서 느꼈던 추억의 맛을 떠올리게 했기 때문이지요. 마들렌 맛이 섞인 한 모금의 차, 이 단순한 차 덕분에 프루스트의 뇌는 옛 기억을 되살렸어요. 이모와 차에 대한 추억뿐 아니라 이모 집, 정원의 꽃들, 날씨가 좋을 때 걸었던 시골길 같은 온갖 추억을 떠올렸어요.

아무 소리도 나지 않는 상황에서 이런 생각이 떠올라요.
강아지는 지금 어디에 있을까?

도전

기억의 낚싯바늘을 만드세요.

다음과 같은 단어들을 보고 떠오르는 과거의 기억을 찾아보세요.
먼저 1~2초 동안 단어 하나를 쳐다보세요.
너무 깊이 생각하지 말고 저절로 기억이 떠오르도록 내버려 둬요.
감정, 생각, 이미지, 소리…… 무엇이든 좋아요.
그리고 나서 다른 단어로 넘어가세요.

- 구름
- 개
- 공
- 오렌지
- 모래
- 코
- 아이스크림
- 신발 끈

신경 과학 역사상 가장 유명한 환자

반세기가 넘도록 수많은 연구 논문에서 '환자 H. M.'으로 소개된 헨리 몰래슨*은 심한 뇌전증 발작을 자주 일으켰어요. 1953년 의사들은 위험을 무릅쓰고 뇌 수술을 해서 그의 해마 일부를 제거했어요. 발작은 곧바로 가라앉았지만 몰래슨은 대신 새로운 기억을 저장하는 능력을 잃어버렸어요.

해마의 일부가 없어진 몰래슨은 몇 분 전에 일어난 일도 다 잊었어요! 길게 대화할 수는 있었지만 몇 분만 지나도 대화 내용이나 대화 상대를 기억하지 못했어요. 그런데 손으로 하는 작업 같은 육체적인 일은 배울 수 있었어요. 헨리 몰래슨의 사례로 기억에는 다양한 유형이 존재한다는 사실이 밝혀졌어요. 결과적으로 몰래슨은 50년간 신경 과학 역사에서 가장 많이 연구된, 그리고 가장 유명한 환자가 됐답니다.

기억

헨리 몰래슨의 해마

수첩을 어디에 뒀더라? 휴대폰은 어디 있지?

자주 깜빡깜빡하나요? 사실 뇌는 모든 것을 다 기억하지 못해요. 하지만 그래서 뇌가 좀 더 완벽하게 만들어졌을 거예요.

우리가 아무것도 잊어버리지 않는다면 어땠을까요? 끔찍한 악몽일 거예요! 또 중요한 일을 기억하지 못하는 경우도 종종 생겨요. 거기에는 다음과 같은 이유가 있어요.

❯ 훈련 부족
정보를 반복하지 않으면 정보는 장기적인 기억으로 바뀌지 않아요. 예를 들어 우리가 누군가에게 꿈 얘기를 하면 꿈 내용을 반복해서 기억하기 때문에 기억에서 즉시 사라지지 않을 가능성이 더 커요.

❯ 단기 기억의 초과 상태
무엇을 살지 적은 메모를 외워서 쇼핑했는데, 쇼핑을 마치고 난 뒤 처음에 산 물건이 뭐였는지 기억하지 못하는 상태와 같아요.

▶ 기존 정보와 새로운 정보의 혼란

여러분이 치타를 다룬 책을 읽고 있다고 상상해 보세요. 여러분은 같은 고양잇과 동물인 표범과 재규어는 잘 알고 있어요. 이미 알고 있는 정보에 비슷한 정보를 보태는 것이어서 여러분은 이러한 고양잇과 동물들의 특성을 살짝 혼동할 수도 있어요.

기억이 섞일 때

재미있는 현상이 일어나기도 해요. 예를 들어 생일 파티에 대해 여러분만 기억하는 게 있어요. 그런데 어느 날 친구들이 그 파티가 이렇고 저렇고 하면서 이야기하는 것을 들을 때 친구들의 기억이 여러분의 기억에 합쳐지기도 해요.

또 여러분은 어렸을 때의 일을 기억하고 있는데 사람들이 그때 일을 여러분은 기억하지 못할 거라고 하면 어떨까요? 아마 여러분은 사진을 보고 이야기를 들은 다음 모든 정보를 합쳐서 기억을 떠올릴 거예요. 그런데 그게 진실일까요, 거짓일까요? 여러분의 기억과 다른 사람들의 기억, 모든 게 다 섞여 있는 기억이······.

아주 어렸을 때의 기억은 왜 안 날까요?

두세 살 때의 일은 대부분 기억하지 못해요. 이런 현상에 대해서는 두 가지 설명이 있답니다. 첫 번째는 태어난 후 몇 년 동안 뇌가 정보를 코드화하는 방식이 그 이후의 방식과 다르다는 거예요. 마치 뇌가 나중에 다른 언어로 모든 정보를 저장하는 것처럼 말이지요. 두 번째는 해마와 관련이 있어요. 그 나이 때에는 해마가 아직 완전히 만들어지지 못해서 기억이 장기적인 기억 영역에 저장되지 않기 때문이라고 해요.

***헨리 몰래슨** 2000년에 개봉한 영화 〈메멘토〉의 모티브이기도 해요.

의식

뇌 속에서 의식은 어느 한쪽에 있지 않아요.
우리의 의식은 수많은 부분이
서로 연결된 결과랍니다.

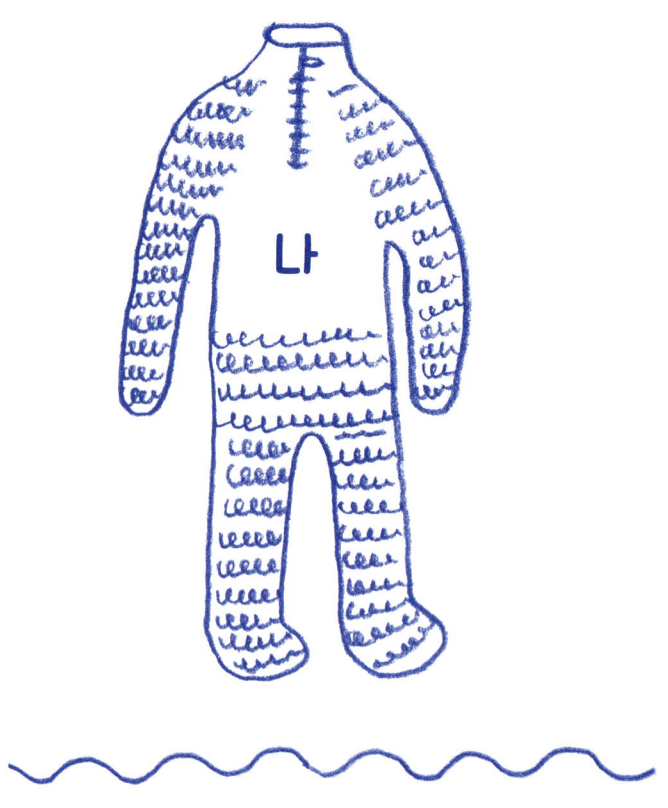

세상에서 가장 큰 퍼즐

나는 나예요. 나는 아버지, 어머니, 형제, 이웃집 사람이 아니에요. 나는 나예요.

질문: 그런데 무엇이 나를 만드나요? 그건 무엇인가요?

대답: 인간의 뇌가 이룬 가장 위대한 업적은 바로 의식인 것 같아요!

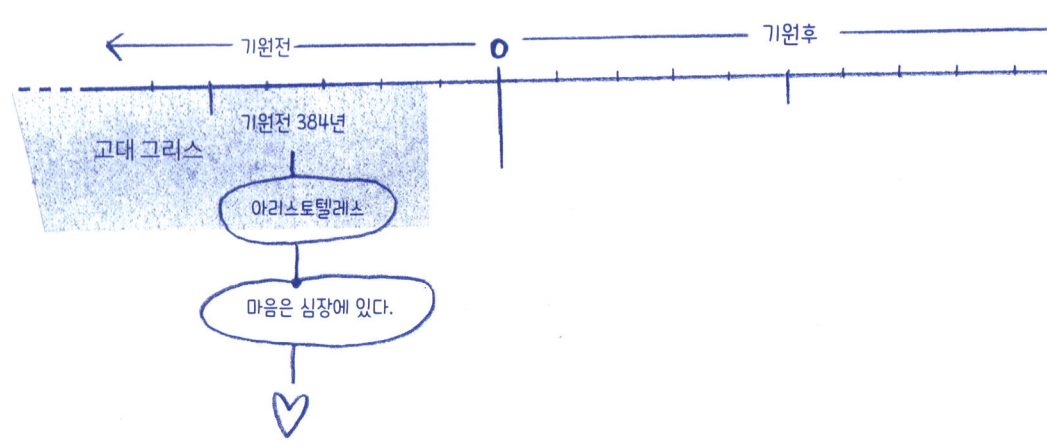

의식이란 무엇일까요? 의식이 있으려면 무엇이 필요할까요? '나'는 '나'라는 사실을 우리는 어떻게 알 수 있나요? 이런 식으로 계속 질문하다 보면 단순한 문제도 더 복잡해질 거예요.

철학자들은 수천 년 동안 이런 질문과 씨름해 왔어요. 고대 그리스의 철학자 아리스토텔레스는 마음이 심장에 있다고 생각해 뇌를 제외했어요. 아리스토텔레스가 죽고 거의 2,000년 뒤에 프랑스 철학자 데카르트는 "나는 생각한다, 고로 나는 존재한다."라고 했어요. 데카르트의 명제에서 학자들은 처음으로 '몸과 마음의 연관성'이라는 문제를 생각하기 시작했어요. 데카르트 이후 많은 철학자가 인간 존재를 구성하는 두 개의 우주라고 할 수 있는 몸과 마음의 문제를 알아내려고 노력했어요.

'내'가 '나'라는 것을 어떻게 알 수 있나요?

어느 날 여러분이 잠에서 깨어나지 않고 다른 사람이 됐다면 그걸 어떻게 알 수 있을까요?

이 질문에 대답하기 전에 "어떤 게 나야?"라고 자신에게 물어보세요. 그러면 여러분의 것이라고 생각한 모든 것이 여러분이 누구라는 단서를 알려 준답니다. 물론 그것만으로는 충분하지 않겠지만…….

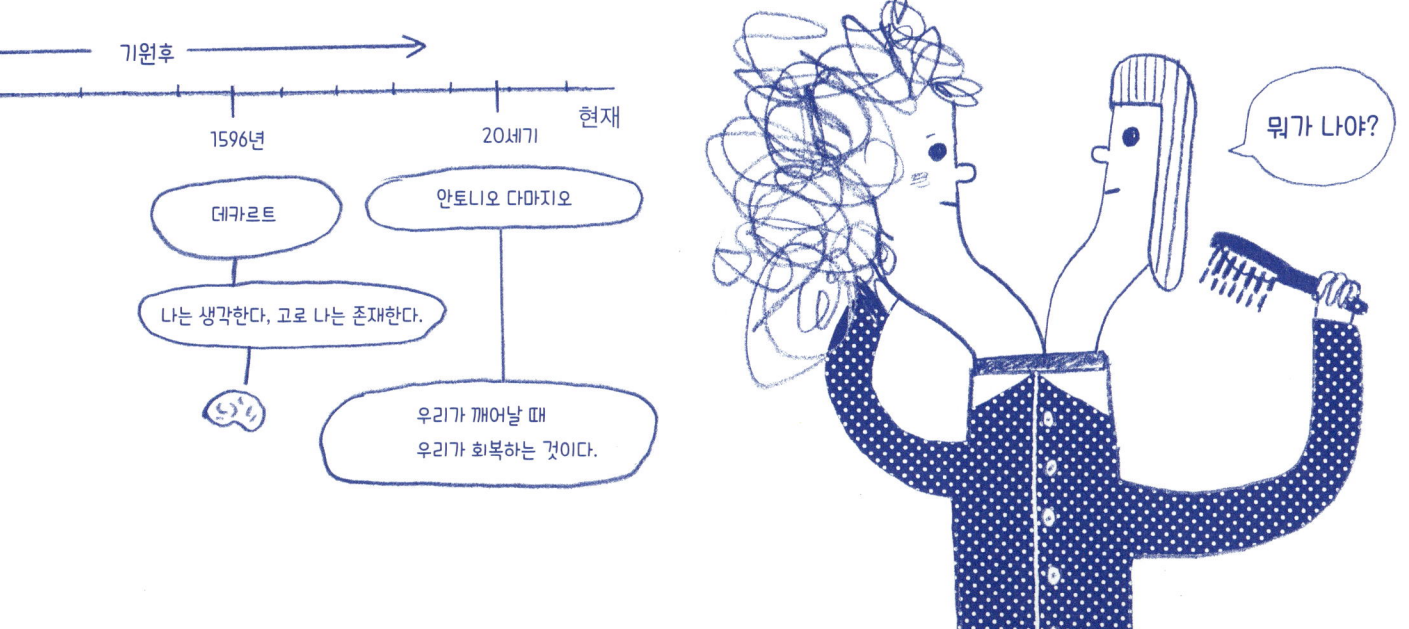

첫 번째 단서: 몸은 내 것

먼저 우리 몸부터 살펴보지요. 여러분은 어느 한 몸의 주인이에요. 다른 것은 몰라도 자기 몸이 여러분 자신의 것이지, 다른 사람의 것이 아니라는 사실은 최소한 알고 있어요. 이 몸이 바로 여러분 자아의 닻이에요. 하지만 그게 자신의 몸이란 걸 어떻게 알지요?

모든 것이 뇌의 밑바탕에 위치한, 몸❷과 피질❸을 연결하는 뇌간(뇌줄기)*❶에서 시작돼요. 우리가 알아보지 못해도 뇌간은 몸이 어떻게 작동하는지(심박, 호흡 등), 몸을 위협하는 무언가가 있는지를 뇌에 알려 줘요. 그리고 뇌는 뇌간을 통해 몸이 살아 있고, 균형을 유지하기 위해 무엇을 해야 하는지를 몸에 알려 주지요.

뇌간은 또 뇌가 완전한 신체 지도를 만드는 걸 도와줘요. 그건 당연한 일이어서 여러분은 전혀 생각하지 못했을 거예요. 여러분은 자신의 신체 부위가 어디에 있는지 잘 알고 있어요. 눈을 감아도 다리, 손, 배가 어디 있는지 계속 느끼고, 각 부위가 어디에서 다른 부위와 연결되는지도 잘 알고 있어요. 자세와 관련해서도 몸이 어떻게 있는지 잘 알고 있어요. 이를 고유 수용 감각이라고 해요. 이미 앞에서 살펴봤는데 기억나나요?

***뇌간(뇌줄기)**   척수와 대뇌 사이에 줄기처럼 연결된 뇌의 한 부분인데 중뇌, 연수(숨뇌, 숨골)로 이뤄져 있어요.

귀찮은　　　　현대적

달콤한　　　이국적인

　　　　　　　　　　매운

적은　　많은

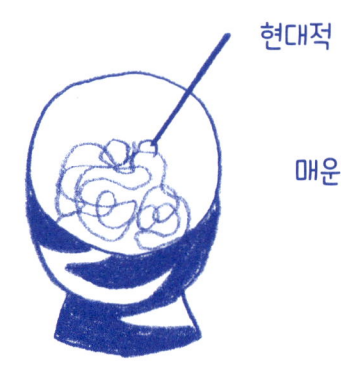

▶ 두 번째 단서: 감각은 내 것

　여러분의 머릿속에는 늘 감각이라는 영화가 상영되고 있어요. 그러나 의식과 자아를 연구해 온 포르투갈의 신경 과학자 안토니오 다마지오는 현실이 우리에게 주는 이러한 이미지-감각은 단지 상영되는 감각에만 국한되지 않는다고 말해요.

　우리 마음은 기억과 지난 경험을 바탕으로 마치 영화감독이 된 것처럼 감각 몽타주*를 만들어요. 그 몽타주, 즉 여러분의 뇌가 만드는 감각 세계가 바로 여러분이라는 이유랍니다. 이것이 내가 나라는 걸 알아보게 해 주는 두 번째 단서예요.

　이제 두 가지 예를 살펴보지요. 먼저 두 눈을 감아 보세요. 감은 두 눈에 햇빛을 쬐면 따뜻함을 느낄 거예요. 또 멀리서 들려오는 아버지의 휘파람 소리가 여러분에게는 익숙할 거예요. 옆 사람도 휘파람 소리를 들을 수 있지만 여러분만큼 친숙하게 느끼지는 못해요. 옆 사람에게는 아버지의 휘파람 소리라는 여러분의 기억과 똑같은 기억이 없기 때문이지요.

　이런 이유로 여러분이 보는 말 그대로의 감각 영화는 여러분만의 것이고, 여러분의 자아라는 존재를 잘 밝혀 주고 있어요.

머리를 자른 뒤에
다른 사람 같다는
느낌이 든 적이 있나요?

내가
아닌 것 같아!

＊몽타주　영화나 사진을 편집할 때 따로 촬영한 장면을 붙여서 하나의 새로운 장면을 만드는 기법이에요.

끔찍한   이상한

맛있는

소리가 맞지 않은

단조로운

우리는 빨간색을 알고 있어요.
하지만 빨간색을 어떻게 설명할 수 있을까요?

세 번째 단서: 이야기는 나만의 것

여러분이 이제까지 살아온 삶, 여러분이 꿈꾸는 미래의 삶이 바로 여러분이에요. 그 삶에는 가족, 친구, 학교, 사는 곳과 사는 방식, 좋아하는 것과 싫어하는 것, 다양한 경험과 배움, 내일과 모레, 앞으로의 계획 등 모든 게 들어 있어요.

세상에 똑같은 이야기는 없어요. 쌍둥이 형제조차 디엔에이*(DNA)는 같을지 몰라도 두 사람이 겪은 경험은 제각각 다를 거예요. 예를 들어 2인용 자전거를 타고 있는데 한 명은 앞에서, 다른 한 명은 뒤에 앉아 페달을 밟고 있어요. 두 사람은 같이 페달을 밟고 있지만 앞과 뒤에 있기 때문에 조금씩 다른 일을 하는 거지요. 그러니까 서로 다른 자신만의 경험을 하고 있답니다.

여러분의 이야기는 여러분 기억에 저장돼요. 여러분의 추억, 자신에 대한 생각 등이 모두 기억에 저장된답니다. 여러분 자신을 알려 주는 것 역시 여러분의 자전적인 자아를 만들어 내요. '자전적'이라는 단어는 한 사람의 삶에 대한 이야기를 의미해요. 그래서 여러분이 가지고 있는 기억이 바로 여러분이라고 말할 수 있는 거예요.

---

*디엔에이   생명체의 유전 정보를 담고 있는 화학 물질이에요.

또 다른 나를 만나는 시간

연극배우는 자기가 아닌 다른 사람을 연기하는 사람이에요. 다시 말하면 무대에서 다른 자아를 갖는 것을 의미합니다. 많은 배우가 이렇게 다른 자아를 갖는 걸 좋아한다고 해요. 왜냐하면 잠시 동안이나마 다른 사람이 될 수 있기 때문이에요.

허구가 아닌 실제 인물, 예를 들어 유명한 사람의 이야기를 재현할 때 어떤 배우들은 자기가 맡은 인물의 동작을 연습하고, 어투나 행위를 따라 하면서 몇 달 동안 그 인물을 연구해요.

영화관에는 한 편의 영화가 상영되고 있지만 수백 명의 관객, 그러니까 수백 개의 자아가 이 영화를 보며 자기 나름대로 해석하고 있어요. 저마다 자신의 의식을 가지고 말이지요.

도전

우리 안에 있는 여러 몸들과의 소통

여러분 몸 안에는 여러 개의 몸이 살고 있는 것 같아요.
한 몸은 소화를 하고, 다른 한 몸은 숨을 쉬고, 또 다른 한 몸은 혈액을 순환시키고,
또 다른 한 몸은 세상에 주의를 기울이고, 또 다른 한 몸은 감동을 받고…….
지금 막 여러분 자신의 몸을 여행하는 표 두 장을 얻었어요.
이제 책상다리를 하고 앉아 보세요. 그런 다음 눈을 감고 집중해 보세요.

**숨 쉬는 몸을
여행하는 표**

코로 부드럽게 숨을 마시고,
내쉬면서 상쾌한
기분을 느껴 봐요!

**의식하는 몸을
여행하는 표**

듣고, 보고, 맡고, 만지고, 맛보며,
섬세하고 멋진 감각을
깊이 느껴 봐요!

그렇다면 의식이란 결국 무엇일까요?

이 질문에 대답하는 건 너무 어려운 일 같아요. 앞에서 소개한 신경 과학자 안토니오 다마지오는 의식이란 "우리가 꿈도 꾸지 않고 깊이 잠들거나 마취됐을 때 잠시 잃어버렸던 것을 깨어난 후에 되찾는 것"*이라고 설명했어요.

그런데 "우리가 잠시 잃어버렸던 것과 되찾는 것은 무엇인가요?"라고 다시 묻는다면 과학자들이 지금까지도 계속 궁금해하는 질문을 여러분도 똑같이 하고 있는 거랍니다. 왜냐하면 의식을 연구하는 일은 불가능하다고 생각하는 사람들이 일부 있지만 그와는 반대로 "한번 의식을 연구해 보자!"라고 외치는 과학자들도 있기 때문이에요.

아주 잠깐의 순간에도 의식하고 싶다면

의식이 존재하기 위해서는 몸, 감각, 삶을 지닌 자아가 있어야 한다는 것은 이미 앞에서 배웠어요. 이런 설명은 과학자 모두의 일치된 의견이에요. 안토니오 다마지오는 연구를 통해 다른 사람의 침대에서 깨어난 우리가 정신을 차리고 나서 지금 자신이 어디에 있는지 '스스로 깨닫는' 데 몇 초가 필요한지를 밝혀냈어요. 우리가 잠에 빠져 고개를 아래위로 끄덕일 때도 마찬가지예요. 그 순간에 우리는 어떤 의식을 지닌 마음의 소유자, 즉 주인은 아니에요. 다시 말해 그 순간에는 우리가 우리 자신의 정신 능력을 지배하고 있지 않다는 걸 뜻해요.

안토니오 다마지오는 우리가 의식을 완전히 통제하려면 다음과 같은 상태에 있어야 한다고 해요.

> 깨어 있어야 한다.
> 움직일 마음이 있다(현재 자신의 위치를 아는 것이 시작이다).
> 마음에서 이 행위의 주인공인 나는 자아를 느낀다.

---

*안토니오 다마지오가 2011년 테드(TED) 강연에서 한 말이에요.

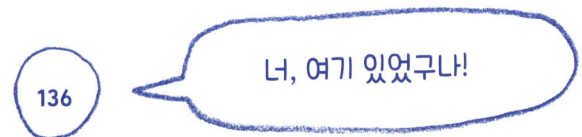

"무의식적이었어!" 마음속으로 생각하지 않고 무언가를 할 때 우리는 이렇게 말하지요.
그러나 실제로 잠들어 있거나 마취 상태에 있을 때, 또는 기절해 있을 때,
아니면 뇌 질환에 걸렸을 때도 마음은 무의식 상태가 돼요.

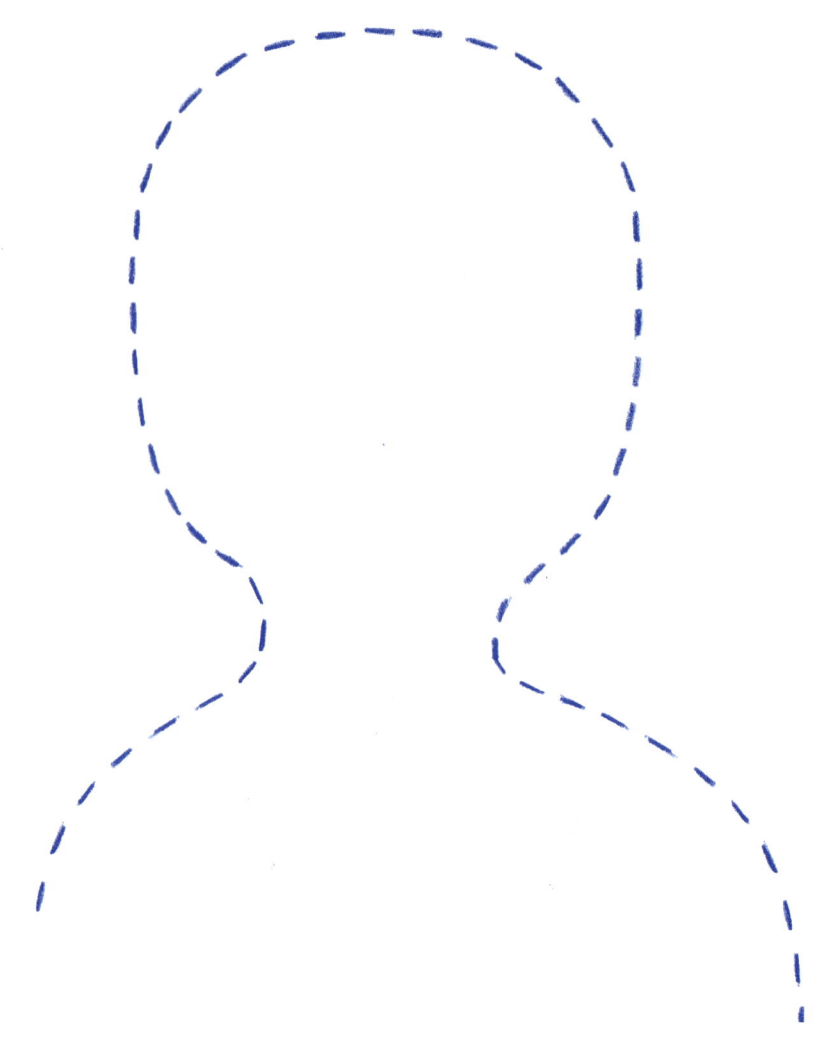

눈을 뜨자마자 아침이 바로 시작되나요?

잠에서 깨어났을 때 자기가 어디에 있는지 어떻게 알 수 있을까요?

여러분이 잠에서 깼을 때 수면에서 각성(잠에서 깨어 정신이 말똥말똥한 상태)으로 바뀌는 과정을 관찰해 보세요. 그 과정이 어땠나요? 수면 상태에서 각성 상태로 즉시 바뀌었나요? 아니면 아주 천천히 바뀌었나요? 여러분이 어디에 있는지 깨닫고, 오늘이 무슨 요일인지 알 때까지 시간이 많이 걸렸나요? 몸을 활기차게 움직이는 데 시간이 걸렸어요? 아니면 바로 기지개를 켜고 일어났어요?

또 여러분의 몸을 각성하자마자 어떤 감각을 느꼈나요? 배고팠나요? 여전히 졸렸나요? 곧 벌어질 일이 두려웠나요? 아니면 즐거움을 느꼈나요?

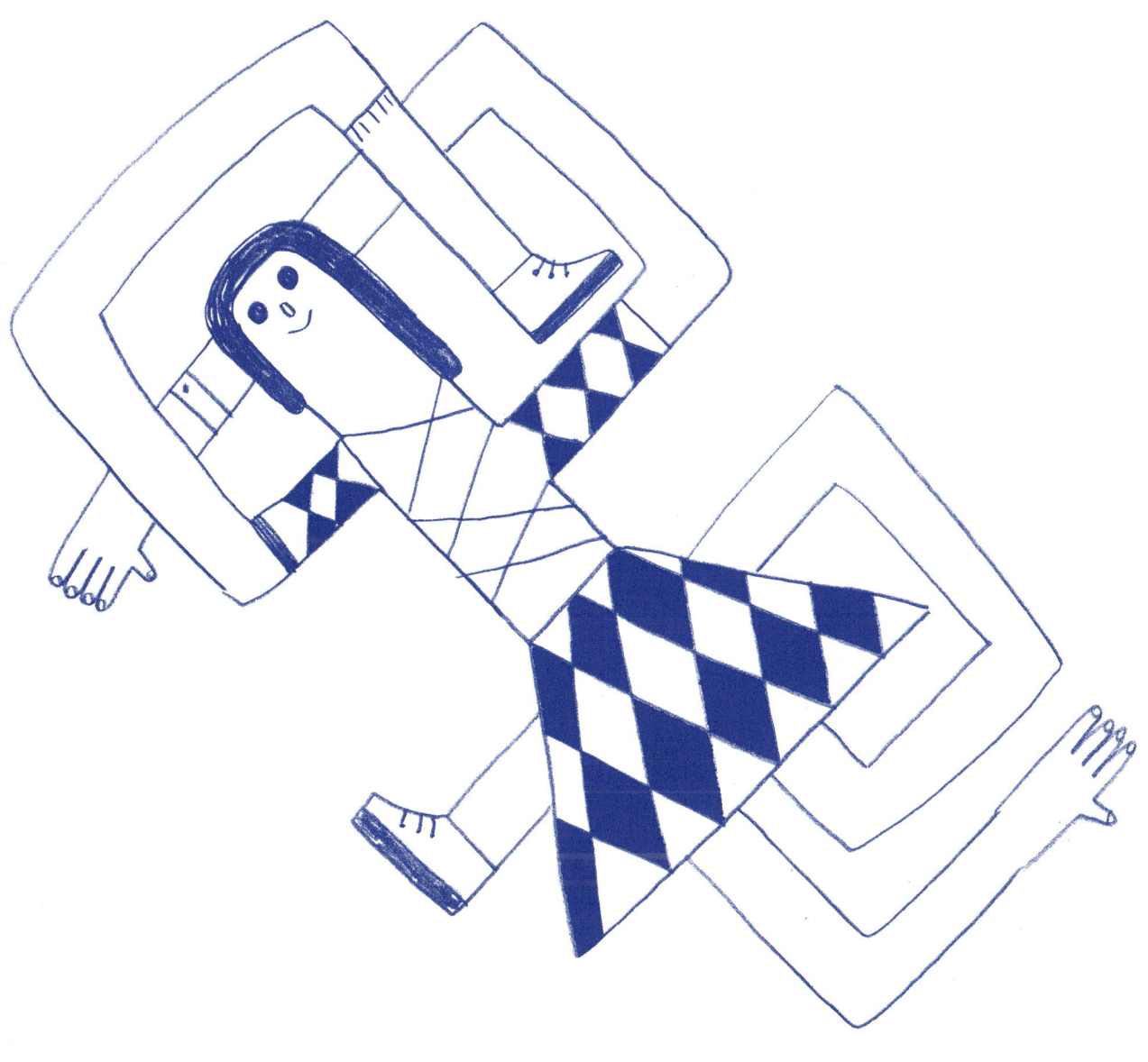

의식은 어디에 있는 걸까요?

의식이라는 설명하기 어려운 개념을 정의하고 싶을 때는 사실로 드러난 것부터 살펴보는 게 도움이 돼요. 의식과 관련해서 지금까지 알려진 사실은 의식을 책임지는 특정한 뉴런이 없고, 또 의식을 담당하는 뇌의 영역도 없다는 거예요. 의식이 있다는 것은 활동하는 뉴런의 수와 아무 상관 없다는 사실도 밝혀졌어요.

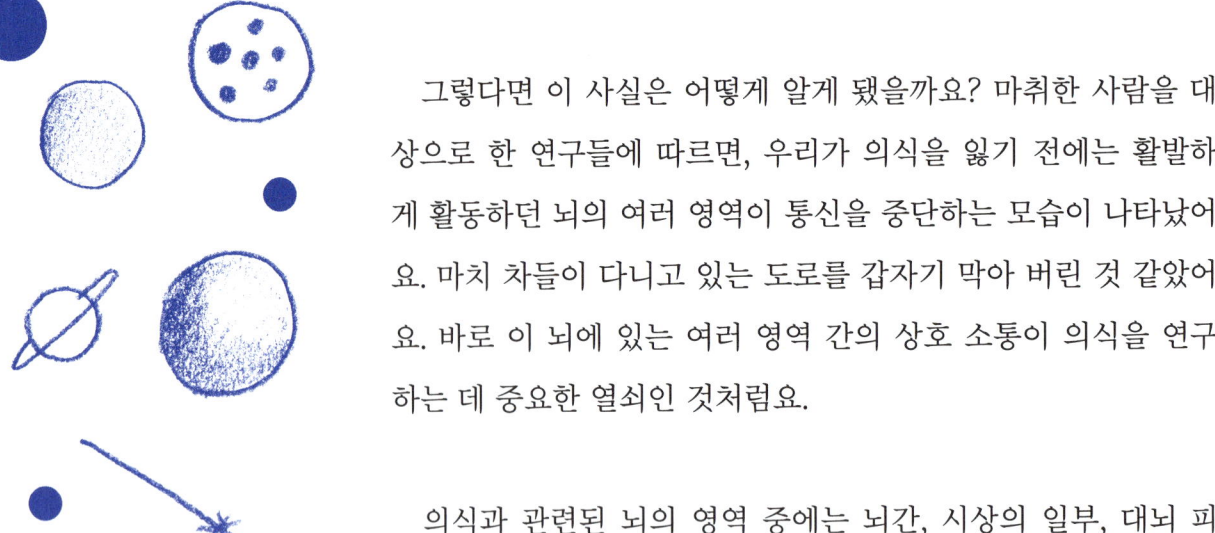

그렇다면 이 사실은 어떻게 알게 됐을까요? 마취한 사람을 대상으로 한 연구들에 따르면, 우리가 의식을 잃기 전에는 활발하게 활동하던 뇌의 여러 영역이 통신을 중단하는 모습이 나타났어요. 마치 차들이 다니고 있는 도로를 갑자기 막아 버린 것 같았어요. 바로 이 뇌에 있는 여러 영역 간의 상호 소통이 의식을 연구하는 데 중요한 열쇠인 것처럼요.

의식과 관련된 뇌의 영역 중에는 뇌간, 시상의 일부, 대뇌 피질에 흩어져 있는 특정 영역들이 존재한다는 사실도 알려졌어요. 그러니까 우리가 의식하고 있으려면 이 영역들이 동시에 움직여야 하지요.

꿈을 꿀 때 일어나는 일

의식이 있다는 건 우리가 깨어 있다는 말이에요. 그럼 의식이 없을 때, 그러니까 꿈을 꿀 때는 무슨 일이 일어날까요? 우리가 의식이 있을 때 하는 모든 것에 기초한 영화, 즉 뇌가 만든 영화가 상영되고 있어요. 다시 말해 꿈속에서 뇌는 의식의 도움 없이 이야기를 만들고 있는 거지요.

꿈은 왜 꾸는 걸까요?

꿈은 우리의 경험, 감정, 기억을 정리하는 데 중요한 역할을 해요. 여러분의 삶이 몇 날, 몇 달, 몇 년에 걸쳐 여러분이 맞춘 퍼즐이라고 상상해 보세요. 꿈을 꾸는 동안 여러분의 뇌는 그 퍼즐 조각들을 다 흩뜨린 다음, 조각을 다시 맞추어 색과 모양이 다른 퍼즐로 만들지요. 그 과정을 통해 뇌는 우리의 감정, 경험, 기억을 재구성한답니다.

또한 꿈은 가끔 우리의 감정 상태를 표현하기도 해요. 마치 시험이나 친구와의 싸움으로 걱정할 때처럼 말이지요.

꿈이 잘 기억나지 않는 건 신경 전달 물질 때문이에요

미국의 신경 과학자 앨런 홉슨은 꿈과 의식을 연구한 또 다른 사람이에요. 그는 우리가 잠에서 깨어났을 때 수면을 조절하는 데 도움이 되는 신경 전달 물질인 세로토닌 수치가 늘어나기 때문에 꿈을 기억하는 게 어렵다고 말해요.

이 신경 전달 물질은 마치 파도가 휩쓸어 가듯 우리가 꾼 꿈을 가져감으로써 단기적인 기억이 체계적으로 분류되는 걸 방해한답니다. 하지만 꿈을 기억하는 비결은 있어요.

이 책을 계속 읽으면 알 수 있어요!

예술가, 무의식과 숟가락

1920년대에 그림이나 소설 등의 예술 작품에 꿈을 사용하기 위해 꿈의 세계에 접근한 예술가들이 있었어요. 이들을 초현실주의자라고 부르지요. 그런데 깨어 있는 상태에서 무의식적인 상태인 꿈에 어떻게 접근했을까요? 초현실주의자들이 사용한 방법 중 하나가 숟가락을 이용하는 것이었어요.

그들은 먼저 편안하게 의자에 앉은 다음, 숟가락을 손에 든 채 잠에 빠져들었어요. 잠이 들어 몸이 느슨해지는 순간, 숟가락이 손에서 미끄러져 바닥에 떨어지면 소리가 났지요. 그들은 그 소리 때문에 깨어났어요. 하지만 완전히 깨어난 게 아니라 반쯤은 잠들고 반쯤은 깨어 있었지요. 그런 상태에서 그들은 머리에 떠오르는 생각을 그냥 적었어요.

이렇게 적어 놓은 그들의 초현실적인(무언가가 현실과 일치하지 않는 것을 의미하는) 생각이 작품에 사용됐답니다. 이들 중에서 가장 유명한 초현실주의 화가가 살바도르 달리*예요.

도전

꿈의 물질을 탐험해 봐요.

여러분도 초현실주의자들처럼 의자에 앉아 잠을 청해 보세요. 숟가락이 바닥에 떨어졌을 때 좀 더 큰 소리가 나기를 바란다면 금속 쟁반을 놓아두고요. 그리고 꼭 펜과 종이를 미리 준비해 두세요.
눈을 뜨자마자 여러분의 무의식이 여러분에게 말하는 것을 다 적어야 하니까요.

***살바도르 달리** 스페인의 천재 화가이며 무의식을 탐구한 초현실주의 작품으로 유명해요.

여러분의 마음은 여러분만의 영역이에요.
그곳에서 여러분은 완전한 자유를 누릴 수 있답니다!

여러분은 유일한 존재예요

여러분은 의식적인 자아를 갖고 있기 때문에 여러분만의 특성이 있어요. 그래서 사람들이 여러분을 보고 "네 아빠처럼 책을 읽는 모습이 보기 좋구나!", "네 할머니처럼 과자를 맛있게 만드는 재주가 있네!", "그 고집은 누굴 닮았는지 모르겠다!"라고 말하지요. 이제 왜 그렇게 말하는지, 왜 그런 사람인지 이유를 설명해 볼게요.

우리에게는 조상으로부터 물려받은, 타고난 성격과 행동이 있다고 해요. 정말 그럴까요? 이 문제를 알아내고자 과학자들이 80명의 쌍둥이 삶을 추적했어요. 그들은 태어난 후 몇 년 동안에는 쌍둥이들이 살아가고 반응하는 방식이 매우 유사하다는 점을 발견했어요. 하지만 나이가 들면서 쌍둥이 사이에도 조금씩 차이가 난다는 걸 알았어요. 그리고 오랫동안 같이 살지 않으면 그 차이가 훨씬 더 커진다는 결론에 이르렀어요.

복제된 쥐를 대상으로 한 실험에서도 비슷한 결과가 나왔어요. 태어난 지 한 달 밖에 안 된 여러 마리의 쥐가 3개월 동안 같은 장소에 갇혀 있었어요. 처음에는 쥐들의 행동에서 큰 차이를 보이지 않았어요. 하지만 시간이 지날수록 모험심이 많은 쥐는 주변을 이리저리 다니며 살피는 행동을 보인 반면, 그렇지 않은 다른 쥐는 그저 음식과 물 주변만 어슬렁거렸어요.

이 연구 결과에 따르면, 우리가 갖고 있는 개성의 일부는 부모에게서 유전적으로 물려받고, 또 다른 일부는 우리가 살아온 삶의 경험과 관련이 있어요.

이전과 지금,
그리고 이후.
우리는 항상 같지 않아요.

도전

다른 몸으로 이사하기

여러분의 몸을 바꿀 수 있다고 상상해 보세요. 여러분 자신을, 여러분의 이야기와 추억, 여러분의 생각과 계획을 다른 곳으로 옮긴다고 생각해 보세요. 여러분보다 키가 크거나 작거나, 마르거나 뚱뚱하거나, 다른 얼굴과 다른 머리 모양을 가진 다른 사람의 몸으로 말이지요. 또 남자가 여자로, 여자가 남자로 바뀐다면 어떨까요? 그렇게 바뀐 몸을 가진 여러분을 상상해 보세요. 또 여러분이 들판을 힘차게 달리는 말로 바뀐다면 어떨까요?

한 장소를 고른 뒤에 여러분이 가진
모든 것을 옮겨 놓아 보세요.
그런 다음 잘 생각해 보세요.
'정말 여기에 내 모든 것이 왔을까?'

몸과 행동

손을 베이지 않고 사과 껍질을 벗기려면
수천수만 번의 계산이 필요해요.
덕분에 우리도 모르는 사이에
몸은 이미 수학 전문가가 돼 있답니다.

더 많이 움직이는 게 다리일까요, 뉴런일까요?

자, 여기서 조금 바보 같은 질문을 해 볼게요. 두 다리를 움직이려면 분명 수백만 개의 뉴런이 필요할 거예요. 춤추거나 웃거나 사나운 개를 피해 도망치거나 어떻든 간에 우리가 하는 모든 움직임은 뇌와 근육 사이를 이동하는 전기 신호의 결과이거든요.

우리는 왜 움직이지요?

우리 몸을 움직이는 건 뇌예요. 뇌가 우리 자신과 주변 환경에 반응하여 작동하는 거지요. 예를 들어 갑자기 비바람이 불면 여러분은 피할 곳을 찾아 달려갈 거예요. 하지만 돌은 이렇게 뇌를 이용해 반응하는 능력이 없어요.

거북과 간지럼 실험

우리가 다리를 긁을 때 얼마나 많은 뉴런이 움직일까요? 한 연구 팀이 이에 대한 단서를 찾으려고 거북을 간지럽히는 실험을 했어요.

목표: 반사적인, 즉 자동적인 움직임을 일으켜 거북이 뒷다리를 긁게 만든다.

발견: 간지러워하는 거북이 다리를 긁는 아주 간단한 반응도 제법 큰 뉴런 연결망과 관련돼 있다.

도전

반가워, 운동하는 뉴런들아!

뇌는 팔과 다리뿐만 아니라 혀, 눈, 얼굴의 근육 섬유까지 우리 몸의 모든 것을 통제해요. 거울 앞에 서서 다양한 표정을 지어 봐요. 여러분의 운동 뉴런에게 인사할 기회랍니다.

우리가 어떻게 몸을 움직이지요?

　행동한다는 것은 대부분의 경우 움직임을 의미해요. 우리가 좋아서 하는 자발적인 움직임은 뇌의 여러 영역, 특히 신체에 있는 수백 개의 근육을 제어하는 척수와 운동 피질을 서로 연결시켜요. 이 과정이 어떻게 진행되는지 함께 관찰해 볼까요?

　여러분은 지금 교실에 있어요. 그리고 어떤 일에 참여하고 싶어요. 하지만 확신이 없어요. 그럼 제일 먼저 결정을 내려야겠지요.
　여러분의 머리에선 이런 질문들이 떠올라요.

❭ 참여할 만한 가치가 있을까?
　지금 참여할까, 아니면 조금 뒤에 참여하는 게 좋을까?

　그러면 여러분의 뉴런들은 정보(통계 데이터와 감정)를 수집한 뒤에 마침내 결정을 내려요.

❭ 자, 이제 참여해 보자!

　그럼 정말 참여하고 싶은 사람은 어떻게 할까요? 바로 이렇게 하지요.

❭ 손을 번쩍 들고 말해요. "저요!"

손을 들고 "파이팅!" 하고 외치는 과정

❶ 손을 번쩍 드는 몸짓을 살펴볼게요. 결정을 맡고 있는 전두엽은 손을 들 계획을 준비해요. 이를 위해 먼저 공간에 대한 정보를 받아요. '내 팔은 어디 있지? 팔과 책상은 얼마나 떨어져 있지?'

❷ 대뇌 피질은 우리가 정확하게 움직일 수 있는 정보를 모으지요. 어떤 근육을 움직일지 어떤 관절을 사용할지 정하고 팔을 들었을 때 어디에도 부딪히지 않는 각도를 계산해요. 그런 다음 소뇌에 운동 신호를 보내요.

❸ 그다음 운동 피질, 뇌간, 척수 등이 영화감독처럼 크게 외쳐요.
"액션!"
그럼 피질은 필요한 모든 지시(근육, 관절, 힘, 방향, 각도 등)가 담긴 메시지를 운동 뉴런에 보내요.

❹ 머리에서 발끝까지 퍼져 있는 매우 긴 운동 뉴런은 이 지시 메시지를 오른쪽 집게손가락과 오른팔의 근육 섬유로 전달해요.

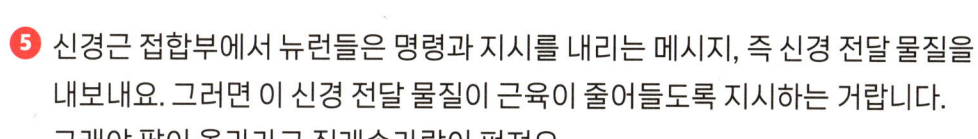

❺ 신경근 접합부에서 뉴런들은 명령과 지시를 내리는 메시지, 즉 신경 전달 물질을 내보내요. 그러면 이 신경 전달 물질이 근육이 줄어들도록 지시하는 거랍니다. 그래야 팔이 올라가고 집게손가락이 펴져요.

❻ 자, 지금이에요. 마침내 손을 들었으니 말할 수 있어요. **"파이팅!"**

결정을 잘 내리지 못하는 사람은 왜 그럴까요?

결정하는 게 늘 쉬운 일은 아니에요. 결정을 내리려면 뇌가 수많은 데이터를 분석해야 해요! 그 때문에 어떤 사람들에게는 아침에 어떤 옷을 입을지 결정하는 게 문제를 푸는 일만큼이나 어려울 수 있어요. 또 어떤 사람들에게는 50가지 종류의 과자 중에서 하나를 선택하는 것이 끔찍한 악몽처럼 느껴질 수도 있어요.

이렇게 과자든 옷이든 어떤 결정을 내릴 때 두 가지 유형의 사람이 있답니다. 고르는 데 몇 시간씩 걸리는 사람과 단 1분도 생각하지 않고 결정하는 사람……. 여러분은 어떤 유형의 사람인가요?

결정을 내리는 곳은 전두엽이에요.
'텔레비전을 볼까, 아니면 여동생의 말을 들어줄까?'

뇌에는 상반된 목적을 가진 뉴런 연결망들이 있어요.
이 연결망들은 종종 서로 경쟁해요.

▶ 불 끄고 잠을 자고 싶어요!

▶ 이 책을 조금 더 읽고 싶어요!

경쟁에서 이긴 쪽이 '결정'이라는 승리의 트로피를 가져가지요.

우리 모두 놀라운 곡예사예요

체조 선수가 팔 짚고 돌기를 했을 때 체육관은 관중의 환호 소리에 거의 무너질 뻔했어요. 축구 선수가 경기 중 멋진 드리블을 하자 관중석에 있던 모든 사람이 일어났어요. 무용수가 너무나 완벽한 움직임을 보여 주며 관객들을 감동시켜요.

이런 순간에 우리는 인간이 믿을 수 없을 만큼 멋지게 몸을 움직일 수 있다는 사실을 깨닫지요. 우리도 그런 선수들처럼 일상에서 복잡한 움직임을 할 수 있어요. 신발 끈을 묶거나 컵을 드는 일 같은 간단한 작업은 손재주가 조금 필요하지만 우리의 중추 신경계*가 슈퍼컴퓨터보다 더 뛰어나기 때문에 그런 복잡하고 멋진 움직임을 할 수 있어요. 그 이유는 곧 알게 될 거예요!

컴퓨터보다 뛰어난 인간의 신체

영국의 신경 과학자 대니얼 월퍼트는 행동 이론으로 유명한 사람이에요. 그는 컴퓨터가 세계 최고의 체스 선수도 이길 수 있지만, 사람의 신체적 민첩성과 비교하면 그 어떤 컴퓨터도 다섯 살짜리 어린아이에게 10:0으로 진다고 말해요!

***중추 신경계** 신경계의 중심으로 뇌와 척수로 구성돼 있어요.

    인간이 가장 놀라운 점은 어떤 행동을 하기 위해서는 어떤 움직임이 필요한지 스스로 예측할 수 있다는 거예요. 때로는 예상치 못한 일이 벌어져도 우리 신체는 시간과 공간을 미리 짐작하고 반응해요. 우리는 주변에서 일어나는 수많은 경우에 그렇게 반응하지요. 또 우리 신체는 감탄이 나올 정도로 정확한 동작을 멋지게 해낸답니다.

    대니얼 월퍼트 박사에 따르면, 우리의 뇌는 예측할 수 없는 상황을 처리하고, 우리와 상관없는 소음, 중요한 정보를 구별하는 데 뛰어나기 때문에 신체를 자유자재로 움직일 수 있다고 해요.

인간 대 로봇

로봇을 보면 환상적이에요. 하지만 우리는 로봇을 보면서 무언가 부족하다는 느낌을 받아요. 여러분은 그런 생각이 들지 않나요? 과학자들은 아직까지 로봇이 인간에 비해 많이 부족한 부분은 앞으로 일어날 일을 예측해서 반응하는 능력이라고 생각해요. 로봇은 다음 단계가 무엇인지 알기 위해 외부 세계에서 오는 피드백(응답)을 기다려야 하는데, 우리 인간은 로봇과 달리 그런 피드백을 기다리지 않는답니다. 우리는 뇌가 기억을 바탕으로 만들어 주는 최고의 가능성을 따져서 행동해요.

뇌는 이전의 경험과 비교하고 행동해요

우리는 행동할 때 지금 받아들이고 있는 정보를 이제까지 쌓아 온 과거의 비슷한 경험 데이터와 비교해요. 예를 들어 스케이트를 탈 때 "지난번에 우리가 스케이트를 탔을 때는 어땠지?" 하고 비교하는 거지요.

이러한 비교는 아주 빠른 속도로 이뤄져요. 뇌는 먼저 확률을 계산한 뒤 정확하게 지시해서 근육을 명령(왼쪽, 오른쪽, 앞으로, 멈춰, 돌아!)에 따라 움직이게 해요. 그런 다음 매 순간 감각 기관을 통해 오는 외부 반응에 따라 다시 움직임을 조정해요. 스케이트를 탈 때 자세는 어때야 하지? 나는 지금 벽에서 얼마나 떨어져 있지? 바닥에서 들리는 소리는 무얼 말하는 거지?

우리가 오래 살아갈수록 경험이 쌓여서 뇌는 예측을 더 잘할 수 있어요.

도파민이 알려 줘요

도파민은 우리가 길을 잘 가고 있는지, 아니면 잘못 가고 있는지를 알려 주는 신경 전달 물질이에요.

여러분이 축구 경기에서 최전방 공격수라고 상상해 보세요. 골을 넣으면 도파민이 늘어나 뇌에 슛을 제대로 차서 성공했다는 정보가 기록된답니다. 골을 넣지 못하면 도파민이 줄어들어, 여러분이 슛을 잘못 차서 좋지 않은 결과로 이어졌다는 걸 알게 돼요.

하지만 주의하세요. 지나친 도파민은 해로울 수도 있어요. 도파민을 쫓아다니며 사는 건 게임, SNS, 약물 중독에 빠질 수 있고, 사물에 대해 깊이 생각하고 집중하는 것을 방해할 수 있으니까요.

월드컵 결승전에서 승부차기를 한다고 상상해 보세요.
골문에 선 골키퍼는 무슨 생각을 하고 있을까요?

> **도전**
>
> **여러분은 사과를 깎을 줄 아나요?**
>
> 깎을 줄 모른다면 연습해 보세요. 몸은 연습을 통해서만 무언가를 배우니까요. 어른들에게 사과 깎는 방법을 가르쳐 달라고 하세요.
> 이미 깎을 줄 안다면 좀 더 어려운 과제를 내줄게요. 사과 껍질이 중간에 끊어지지 않게 깎아 보세요.

먹지도, 자지도, 말하지도 않기

우리가 생각하거나 움직이는 거의 모든 것이 어떤 행동으로 이어져요. 예를 들어 바깥 기온을 확인한 뒤에 두꺼운 옷을 입을지, 얇은 옷을 입을지를 결정해요. 또 다이빙을 한 후 수면 위로 올라오는 시간을 정확히 알기 위해 물속에서 얼마나 견딜 수 있는지 시간 계산을 하기도 해요.

그러나 이렇게 행동하는 과정이 있다면 그 반대, 즉 일부러 행동하지 않는 과정도 있답니다. 우리는 말하고, 먹고, 자는 능력뿐만 아니라 '말하지 않고, 먹지 않고, 자지 않는' 능력도 갖고 있어요. 그건 우리가 그렇게 하지 않기로 결정했기 때문이에요. 과학자들이 '행동 억제'라고 부르는 이 능력은 매우 흥미로울뿐더러, 우리를 전혀 예상하지 못한 결론으로 이끌어 줘요.

어린이와 마시멜로 실험

이건 1960년대 월터 미셸이라는 과학자가 방 안에 네 살 어린이와 마시멜로 접시를 두고 했던 실험에서 얻은 결론이에요.

목적: 어린아이가 더 큰 보상을 받기 위해 유혹을 참고, 작은 보상을 거부할 수 있을까?
(행동 억제 능력 연구)

방법: 먼저 방에 테이블을 설치하고, 마시멜로를 담은 접시와 벨을 테이블 위에 놓아둔다. 그다음 방으로 아이들을 부른다.

아이들에게 잠시 방을 비운 사이 마시멜로를 먹지 않고 기다리면 15분 뒤에 돌아와서 마시멜로 두 개를 주겠다고 설명한다.

하지만 마시멜로가 너무 먹고 싶을 경우, 벨을 누르면 마시멜로를 단 한 개만 준다고 덧붙인다.

결론: 모든 아이가 마시멜로를 먹고 싶은 유혹을 느낀다.

대부분 3분 이상 기다리지 못한다.

일부 아이들은 눈을 가리거나, 머리카락을 가지고 놀며 주의를 마시멜로가 아닌 다른 행동으로 돌린다.

어떤 아이들은 더 이상 참을 수가 없다는 듯 벨도 누르지 않고 곧바로 마시멜로 접시를 공격한다.

잠깐만 참으면 더 좋은 일이 생겨요

과학자들은 어린아이들이 참고 기다리는 능력과 삶 사이에 어떤 관계가 있는지 알아보기로 했어요. 몇 년 동안 실험에 참가한 아이들을 추적하며 관찰했지요. 예를 들어 '보상을 기대하며 마시멜로를 먹지 않고 참았던 아이는 쉬는 시간엔 어떨까? 욕심을 잘 참을까, 못 참을까? 성적이 좋을까, 나쁠까?' 등을 살펴본 거예요.

조사 결과에 따르면, 즉각적인 보상을 미뤘던 아이들은 일반적으로 학교에서 친구들과 잘 지냈고, 나중에 직장 생활에서도 별문제가 없었답니다!

왜냐고요? 장기적인 목표가 있으면 인생에서 더 중요한 결과를 얻을 수 있기 때문이랍니다. 즉 당장 마시멜로를 먹기보다 잠깐 참으면서 좀 더 중요한 일, 스포츠 대회나 시험공부에 집중하는 것이 인생에서 더 좋은 결과를 가져다주기 때문이에요.

이러한 행동 절제 능력은 결과를 예상하고, 또 어떤 일이 일어날지 예측하는 능력과 관련이 있어요. 어린이와 청소년의 경우에는 이처럼 미래를 예측해서 행동을 절제하기가 어려워요. 왜냐하면 이러한 능력을 가능하게 하는 전두엽이 발달 중에 있기 때문이에요. 우리가 어릴 때는 미래를 생각해서 행동하는 일이 어려울 수 있어요. 그래서 어린아이들은 참지 못하고 앞에 놓인 마시멜로를 집어 드는 데 전혀 주저하지 않는답니다.

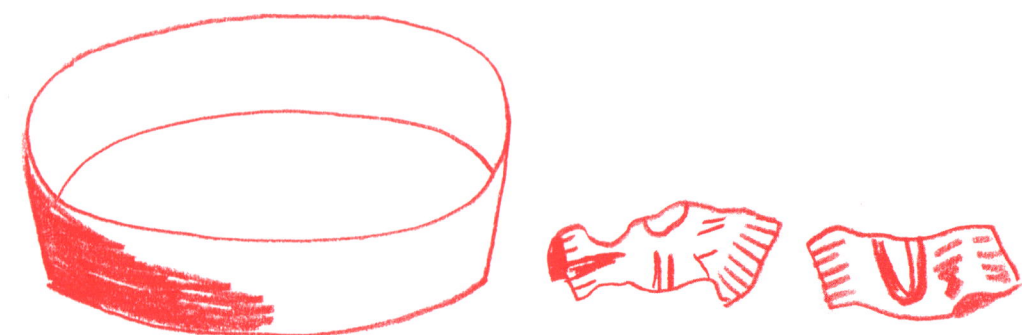

이 모든 걸 읽고 나서도
여러분은 용돈을 받으면 전부 다 껌을 사는 데 쓸 건가요?
아니면 나중에 재미있는 게임을 사기 위해 모을 건가요?
친구와 놀고 싶어서 태권도장을 빠질 건가요?
아니면 검은 띠를 딸 때까지 계속 다닐 건가요?
인생이란 참 쉽지 않지요?

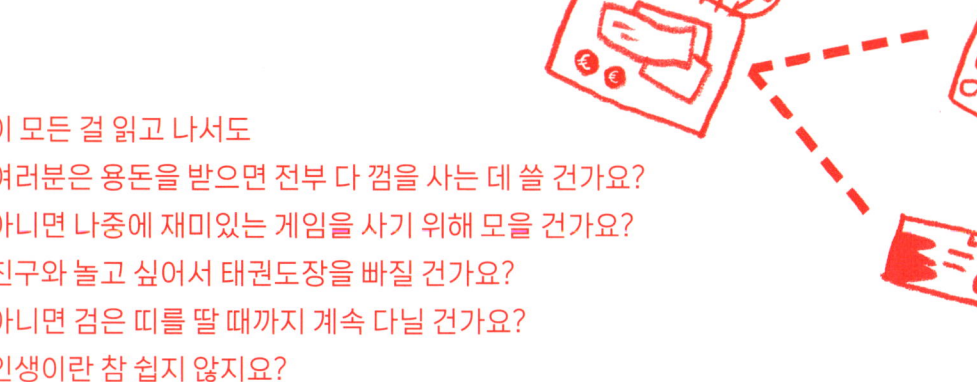

질문

여러분은 꿈이 있나요?

우리가 하는 행동이나 말 또는 감정만 우리가 누구인지를 말해 주는 건 아니에요. 우리가 바라는 것도 우리가 누구인지를 말해 준답니다. 우리는 인간이기 때문에 먹고 자는 것만으로는 만족하지 않아요. 우리는 무언가를 꿈꾸기 때문에 존재하는 데 의미가 있어요.
우리가 꿈꾸고 바라는 게 단순히 새 운동화를 갖는 것뿐일까요?
마술 배우기, 여행하기, 친구들과 함께하는 파티 등등 여러 가지가 될 수도 있어요.

여러분이 바라는 꿈을 생각해 보세요.

▶ 과거에 꿈꾸거나 이미 이룬 것

▶ 현재 하고 싶은 것

▶ 미래에 꿈꾸거나 이루고 싶은 것

몸과 행동 163

지시에 따라 움직이는 신체

매 순간 우리는 모든 신체 부위가 존재한다는 걸 느끼고, 1,000분의 1초 단위로
"눈 감아!", "머리 돌려!", "손가락 구부려!" 같은 지시를 보내고, 즉시 움직일 수 있어요.
여러분의 몸에 몇 가지 지시를 내린 다음, 몸이 어떻게 따르는지 관찰해 보세요.
불가능한 걸 지시해도 좋아요. 예를 들어 360도 회전을 하라고 지시할 수도 있겠지요!

이게 가능할까요?

▶ 웃기는 얘기를 들으면서 웃음 참기
▶ 너무 긴장될 때 온몸에 힘 빼기
▶ 좋아하는 사람과 사랑에 빠지지 않기
▶ 배가 고픈데도 배고프다는 사실을 잊기

도전

뇌는 이미 알고 있어요.

여러분의 몸을 한번 간질여 보세요. 간지럽힐 수 있나요? 아마 어려울 거예요.
그래도 다시 한번 갑자기 여러분의 몸을 간질여서 놀라게 해 보세요. 할 수 있나요?
여전히 잘 안 되지요? 뇌가 무슨 일이 일어날지 예상하고 미리 대비하기 때문이에요.
뇌는 여러분이 느낄 감각을 예측해서 여러분이 놀라지 않게 해 줘요.

오래된 습관, 새로운 습관

다시 마시멜로 실험으로 돌아가 볼까요? 자, 어떻게 하면 우리 마음속에서 자주 일어나는 '지금 하고 싶은 일'과 '미래를 위해서 하면 좋은 일'이 벌이는 전쟁에서 이길 수 있을까요? 좋은 승리 전략은 계속해서 반복함으로써 습관이 되도록 하는 거랍니다. 예를 들어 저글링을 배우려면 매일 연습하면 돼요. 그림 실력을 키우는 것이 목표라면 매일 스케치 연습을 하면 될 거예요.

습관은 강력한 힘이 있기 때문에 계속 연습해서 습관이 되게 하면 조금씩 어려운 걸 쉽게 할 수 있도록 우리를 이끌어 줘요. 그래서 나중에는 장기적인 목표를 이룰 수 있게 해 줘요.

그러나 모든 습관이 다 좋은 것은 아니에요. 우리를 처음의 나쁜 상태로 다시 돌아가게 하는 습관, 우리를 창의적이지 못하게 하고, 발전하지 못하도록 하는 습관도 있어요.

예를 들어 집에 와서 가장 먼저 하는 일이 거실 소파에 앉아 과자 한 봉지를 다 먹는 거라고 생각해 봐요. 과자를 먹고 싶은 유혹이 너무 강해서 과자를 다 먹어 갈 때쯤 돼서야 여러분은 번뜩 정신이 들지요. 집에 오면 제일 먼저 개를 데리고 산책해야 한다는 생각을 종종 하지만, 소파를 보자마자…… 그냥 평소의 습관대로 하게 된답니다.

여러분이 습관을 바꾸고 싶다면 과자를 먹는 대신 여러분에게 즐거운 보상을 주는 다른 행동을 해 보세요. 친구와 전화로 수다를 떨거나, 개를 데리고 공원을 산책하거나, 아니면 여러분이 하고 싶은 일을 하는 거예요!

무엇이 우리를 움직이게 할까요?

과학자들은 모든 행동이 똑같다고 생각하지 않아요. 어떤 행동은 집으로 들어오기 전 현관 매트에 신발을 닦는 것처럼 무의식적이고 반사적으로 일어나는 습관적인 행동이에요.

그런가 하면 여러분이 처음 가는 도시에서 길을 찾을 때처럼 더 많이 생각하고 집중해서 하는 행동도 있어요.

나 자신과의 싸움

▶ 목표: 새로운 길을 가 보기
▶ 습관: 항상 다니던 길을 가기

▶ 목표: 건강하게 챙겨 먹기
▶ 습관: 간편하게 빨리 먹기

자신과의 싸움에서 누가 이길까요?
목표가 이길까요, 습관이 이길까요?
여러분 마음속에서 벌어지는 싸움을 생각해 보세요.

'연기하다'가 무슨 뜻인지 아나요?

'연기하다'라는 단어는 라틴어에서 유래했는데 "내일로 미루다."라는 뜻이에요. 그런데 여기서 주목해야 할 것이 '미루다'가 아니라 '왜 미루고 싶어 하는지'예요. 그 이유는 우리 안에 있는 여러 명의 자신이 서로 자기주장을 하면서 싸우기 때문이에요.

다시 말해 무언가를 미루는 것은 우리 안에 여러 사람이 살고 있다는 증거지요. 예를 들어 어떤 '나'는 "빨리 일을 끝내고 싶어!"라고 하지만, 다른 '나'는 "소파에 좀 더 앉아 있고 싶어!"라고 하고, 또 다른 '나'는 "그냥 고양이가 되고 싶다!"라고 말하거든요. 많은 토론과 협상 끝에 여러분 내면의 싸움에서 이긴 '나'는 과연 누구일까요?

미루는 것으로 유명한 사람들

프랑스 작가 빅토르 위고는 하인에게 자신의 외출복을 숨겨 달라고 했어요. 밖으로 나가지 않고 집 안에만 틀어박혀 『노트르담의 꼽추』를 완성하기 위해서였어요.
『모비 딕』을 쓴 미국 소설가 허먼 멜빌은 할 일을 미루지 않는 또 다른 방법을 생각해 냈어요. 바로 소설을 마무리하는 걸 더 이상 미루지 않도록 책상에 자기 몸을 묶어 달라고 아내에게 부탁하는 방법이었지요.

작가의 말

글 이자벨 미뇨스 마르틴스

→ **이 책을 만들게 된 계기는 무엇인가요?**

저는 우리가 다른 행성을 여행하는 시대에 사는데, 인간 두뇌의 세계는 여전히 수수께끼로 남아 있다는 사실을 믿을 수 없었어요. 다시 말해 그토록 멀리 떨어져 있는 우주에 대해서는 잘 알면서, 우리 가까이 있는 두뇌의 세계가 어떤지는 잘 모른다는 사실이 놀라웠답니다. 솔직히 말하자면 저 또한 마찬가지였어요. 지금의 일상이나 미래에 대해서는 끊임없이 알아보지만, 제 머릿속에서 일어나는 일에 대해서는 알려고 하지 않았으니까요. 그래서 시간을 들여 인간의 두뇌를 탐구해 보고 싶었답니다.

→ **책을 쓰면서 새로 알게 된 점이 있었나요?**

외부의 실상을 알아차리게 해 주는 게 '뇌'라는 사실이었는데요, 감각을 통해 이 실상을 인지하는 과정이 생각보다 훨씬 더 크고 복잡하다는 걸 깨달았어요.

뇌 안에서 순간적인 쾌락과 장기적인 목표 사이에 끊임없는 싸움이 벌어지고 있다는 사실을 알게 됐어요. 그러니까 삶을 주도적으로 이끌어 가기 위해서 머릿속의 이런 현상을 제대로 아는 게 얼마나 중요한지 알 수 있었지요.

→ **책을 쓰면서 아쉬웠던 점은 무엇인가요?**

　뇌의 주요 임무는 우리가 미래에 보다 나은 결정을 내릴 수 있도록 항상 배운다는 거예요. 하지만 전 세계 학교가 끊임없이 새로운 걸 배우고 싶어 하는 학생들의 욕구를 충족시켜 주지 못하는 게 안타까웠어요. 우리 안에 있는 배움의 열망이 길을 잃지 않도록, 우리의 자세와 학교의 역할에 대해 돌아볼 필요가 있지 않을까요? 이 책이 그에 대한 답이 되길 바라면서 저 또한 저를 돌아본답니다.

글 마리아 마누엘 페드로자

→ **이 책을 만들게 된 계기는 무엇인가요?**

　제 아들 루카스가 일곱 살 때 신경학적 뇌 질환을 앓았어요. 그때 다른 사람의 감정을 이해하는 능력이 뇌의 어느 영역에서 작동되는지를 탐구하면서 뇌 과학의 여정이 시작됐어요.
　그래서 이 책을 함께 쓰자는 제안을 받았을 때 흔쾌히 응했지요. 책을 쓰는 동안 우리가 발견한 뇌의 모든 것을 알게 됐는데, 특히 인류의 오랜 역사 속에서 아직도 밝혀지지 않은 게 많아 놀랐어요. 뇌라는 신체 기관은 알면 알수록 더 탐구할 만한 가치가 있다고 생각했어요.

→ **책을 쓰면서 새로 알게 된 점이 있었나요?**

　뇌의 가소성, 즉 학습하고 재조정할 수 있는 무한한 능력이에요. 뇌는 '아니요'라는 답을 받아들이지 않고 늘 새로운 길을 찾으려 한다는 거예요. 이 가소성이 바로 우리가 포기하지 않고 큰 도전을 할 수 있게 해 주는 원동력이라는 걸 알 수 있었어요.

→ **책을 쓰면서 아쉬웠던 점은 무엇인가요?**

　우리가 아직은 초보적이고 불완전한 방식으로만 뇌를 관찰할 수 있다는 점이에요. 예를 들어 어떤 현상을 관찰한 뒤, "포옹의 즐거움은 전기 화학적 신호이다."라는 흥미로운 가정을 내렸다면, 이러한 사실을 증명하는 방법에 한계가 있다는 거예요. 신경 과학 분야에서 오랜 연구 끝에 사실로 밝혀졌지만 개인의 사적인 영역까지 침범하며 실험하지 못하는 게 현실이었어요.

그림 **마달레나 마토주**

→ **이 책을 만들게 된 계기는 무엇인가요?**

　저를 가장 매료시키는 것 중 하나는 일상에서 알고 지내는 사람뿐만 아니라 우리가 작품으로 접했던 작가, 음악가, 화가, 심지어 한 번도 본 적이 없는 사람들도 우리 뇌가 인식하고 있다는 사실이에요. 이 모든 사람이 우리 뇌에 영향을 미치기 때문에 뇌는 무한하고 종합적인 구조물 같다고 생각했어요.

　또 뇌는 우리가 사는 모습이라는 점이 마음에 들었어요. 뇌는 우리가 기억하는 모든 것이면서, 기억이 곧 뇌라는 사실에 끌렸어요. 우리는 서로 다른 경험을 하며 살아왔고 평생 다른 기억을 쌓아 나가기 때문에 저마다 달라요. 이게 바로 우리가 무언가를 하고 싶게 만드는 원동력이 되지요.

　자, 한번 해 봐요! 우리가 나이를 먹고 많은 것을 알게 되더라도, 호기심이 남아 있다면 우리의 뇌는 계속해서 변화할 거예요.

→ **책을 쓰면서 새로 알게 된 점이 있었나요?**

　고대 그리스에서는 생각과 감정이 심장에 의해 조절된다고 믿었대요. 참 흥미로운 발상이지요? 오늘날 뇌에서 생각과 감정이 일어난다는 사실이 너무나도 분명해졌다는 걸 생각하면 말이에요.

저는 아기가 엄마 배 속에 있을 때 인간의 뇌가 어떻게 변화하는지에 대해서도 궁금했어요. 그러니까 뉴런이 대량 생산되고, 믿을 수 없을 정도로 복잡한 구조를 스스로 만들어 내는 게 놀라웠답니다.

참고 자료

사이트

비영리 단체 '브레인 팩츠(Brain Facts)'
http://www.brainfacts.org/

바이오에드온라인(BioEdOnline)
http://www.bioedonline.org/lessons-and-more/resource-collections/

**미국 비영리 재단 '다나 파운데이션'
(Dana Foundation)**
http://www.dana.org/

**학술지 『인간 신경 과학 프런티어스
(Frontiers in Human Neuroscience)』**
http://home.frontiersin.org/

**초중등 학생을 위한 뇌 과학 교육 사이트
(Neuroscience for Kids)**
http://home.frontiersin.org/

**교실 신경 과학: 아넨베르크 학습자
(Neuroscience in the classroom:
Annenberg Learner)**
http://www.learner.org/

사이언티픽 아메리칸(Scientific American)
http://www.scientificamerican.com/

더 빅 픽처(The Big Picture)
https://bigpictureeducation.com/thinking

**미국 국립 생물 정보 센터(The National Center
for Biotechnology Information)**
http://www.ncbi.nlm.nih.gov/

**뉴욕 타임스: 그레이 매터
(The New York Times: Gray matter)**
http://www.bioedonline.org/lessons-and-more/resource-collections/

도서

안토니오 다마지오, 『의식의 책: 주제 및 토론』, 시르쿨루 드 레이토리스, 2010.

데이비드 이글먼, 『더 브레인』, 캐넌게이트 북스, 2016.

곤살루 M. 타바레스, 『신체와 상상력의 아틀라스』, 카미뉴, 2013.

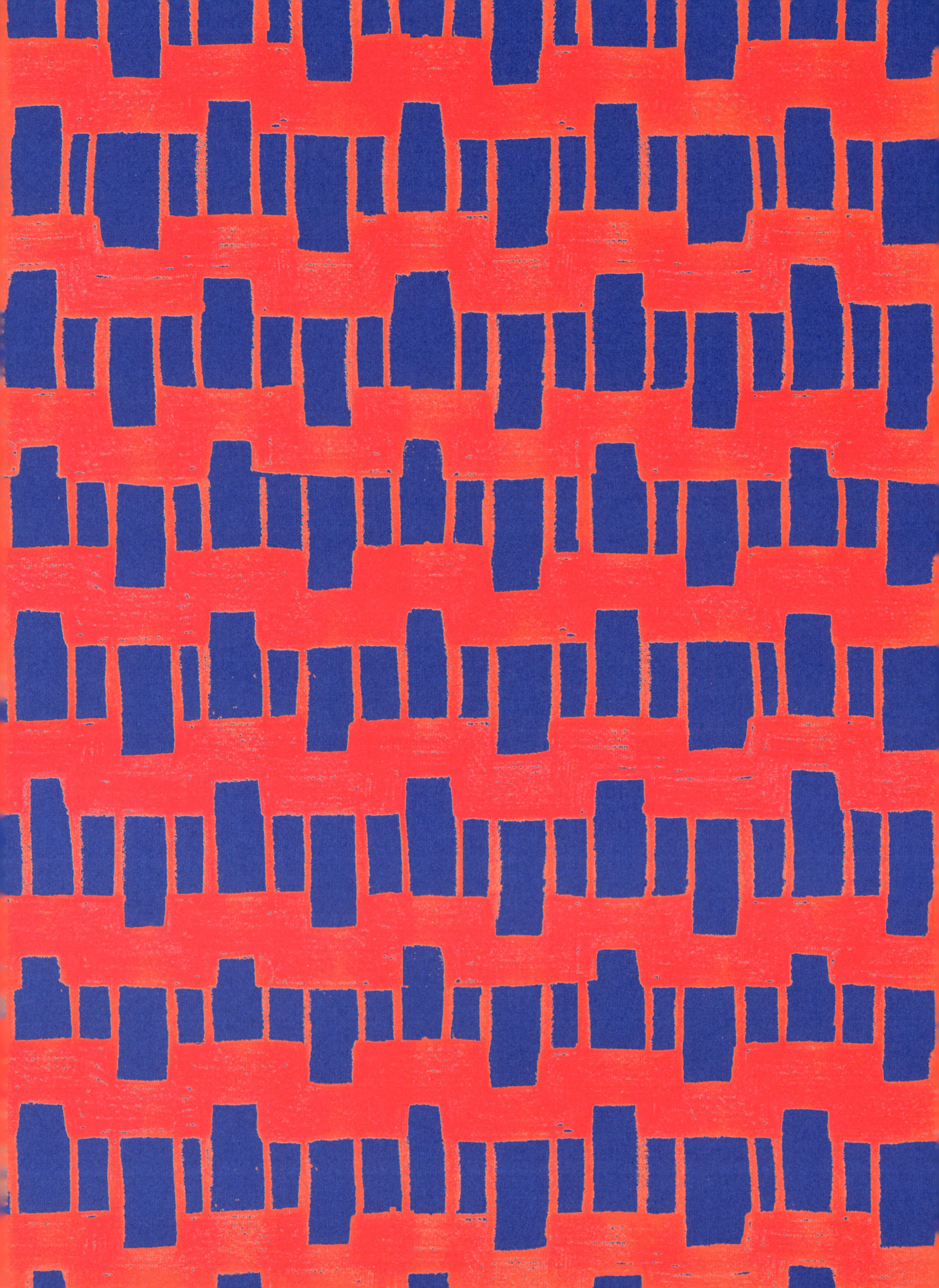